未来很远，但我们的目光更远……

国际关系梦工厂

——电影与国际关系史

黄日涵 徐海娜 沈君哲 编著

天津出版传媒集团
天津人民出版社

图书在版编目(CIP)数据

国际关系梦工厂：电影与国际关系史 / 黄日涵，徐海娜，沈君哲编著. -- 天津：天津人民出版社，2018.9
ISBN 978-7-201-14052-0

Ⅰ. ①国… Ⅱ. ①黄… ②徐… ③沈… Ⅲ. ①国际关系史-通俗读物 Ⅳ. ①D819-49

中国版本图书馆 CIP 数据核字(2018)第 199746 号

国际关系梦工厂：电影与国际关系史
GUOJIGUANXI MENGGONGCHANG：DIANYING YU GUOJIGUANXISHI

出　　版　天津人民出版社
出 版 人　黄　沛
地　　址　天津市和平区西康路 35 号康岳大厦
邮政编码　300051
邮购电话　(022)23332469
网　　址　http://www.tjrmcbs.com
电子信箱　tjrmcbs@126.com

策划编辑　王　康
责任编辑　王　琤
装帧设计　汤　磊

印　　刷　高教社(天津)印务有限公司
经　　销　新华书店
开　　本　787 毫米×1092 毫米　1/16
印　　张　18
插　　页　2
字　　数　200 千字
版次印次　2018 年 9 月第 1 版　2018 年 9 月第 1 次印刷
定　　价　58.00 元

致谢（感谢以下人员对本书编著的帮助与支持,按姓氏笔画排序）：

方鹿敏　丛培影　冯浩宸　乔昱人
张　[illegible]　李　飞　李丛宇　沈繁圣
陈　哲　陈丁丁　周俊龙　倪春丽
袁　野　黄　杰　韩　泽

自 序

让一个人置身于变幻无穷的环境中，让他与数不尽或远或近的人物错身而过，让他与整个世界发生关系，这就是电影的意义。

——安德烈·塔可夫斯基

当你在巴拿马运河徜徉，你是否会想起《巴拿马裁缝》；当你在罗马欣赏夕阳余晖，你是否会想起《罗马假日》；当你在摩洛哥喝着薄荷茶，你是否会想起《卡萨布兰卡》。电影总能给人无限的遐想，每逢你遇到某个事情，某个场景，抑或是某个话语之时，常常会触发你敏感的神经，不经意间想起某个电影中的某个场景。生活总有不如意，电影却总有惊喜。

影像与印象

毋庸讳言，影像总是容易让人记住许多的故事。做一个有故事的人是许多人从小就有的梦想，理想总是丰满，现实却往往骨感。相比于文字而言，影像常常更容易让受众记住，这就是我们所说的影像可以加深印象。在了解一段历史之前，我一般会选择先看一部电影，或者看一部纪录片来帮助自己理解这段历史。因为这样，可以让你在脑海中先有一个立体的印象，帮助你建立起理解全局的脉络。我想这就是影像最大的优势。与此同时，当时光流淌过，此去经年，有谁共鸣，唯有当你再次回忆曾经看过的某个影像之时，才能更好地帮助你与过往的记忆相连。因为我们总是在看别人的故事，听别人的心声，可你自己的故事又可以向谁诉说呢？

十几年前，网络并不发达，人们的娱乐方式比较有限，周末往往团聚一起，三两成群的去看电影。学生时代，北京大学百年大讲堂，五道口电影院都成为我们看电影的好选择。出于对电影的爱好，2005 年到 2007 年我和国际关系学院网络文化办公室的小伙伴们一起承包了坡上村的第二放映厅，每个周末大家一起找寻最有意思的电影，播放给同学们观看，那些年看过的电影不仅让我印象深刻，而且对影像有了新的认识。从此，我对电影和话剧产生了浓浓的兴趣，也成为日常生活中的一部分。时而在家观影，时而在北京找寻适合观影的影院，除了电影留下更多的还是自己的故事。那时忽然萌生念头，是否可以编写一本电影与国际关系相关的普及书籍，让更多的人对国际关系产生兴趣。

正如《卡萨布兰卡》里经典的台词："世界上有这么多城镇，城镇里又有这么多酒馆，而她却偏偏走进了我这家。"这就是电影，这也是生活，世间有如此多故事，而你恰巧选择了这部。

时间与实践

时间是让人猝不及防的东西、晴时有风阴时有雨

争不过朝夕　又念着往昔

岁月是一场有去无回的旅行，好的坏的都是风景

金玟岐在她的歌曲《岁月神偷》里写下这么一段歌词。让人听后不禁唏嘘，感叹时间易逝。而张悬所歌唱的"超脱和追求，时常是混在一起，你拥抱的，并不总是也拥抱你"我想这就可能在许多人生活中都出现过。

时光宝贵，不可蹉跎。于是，实践就成为对时间最好的回馈，也是为你美好的生活做一个优雅的注解。让你可以带着你的梦想，穿过深夜，伴着皎洁月光、听见夜莺歌唱、找到你自己追求的幸福。

正是对于电影的这种喜爱，让我们更加坚定的想实践点什么。有梦想总是好的，可是实现起来却并没有那么容易，这一想法搁置了很多年，这些年中接触了很多国际关系的初学者以及国际问题的爱好

者，他们对于这一专业非常有兴趣，然而大部头的史学巨著往往让他们望而却步，对于初学者而言，找到一本可以让自己感兴趣的书籍是非常重要的，这一想法更加坚定了我们努力去编写一本普及读物的想法。2012年来自国际关系学院国际问题研讨会的学生们成为了这本书撰写的主力。这个有着20多年历史的学生社团在北京小有名气，对于培养学生的兴趣爱好起到了很好的作用。这一群初出茅庐的学子们从2012年开始参与了书籍的编写工作，他们兢兢业业，付出了很大的努力，一次又一次的修改书稿。虽不完美，却已是心血的结晶。

《国际关系梦工厂》得以付梓，首先要感谢这些年华侨大学给我提供的资源以及支持，更要感谢华侨大学国际关系学院林宏宇院长以及学院各位老师对我的帮助和鼓励。同时也要感谢天津人民出版社王康副总编辑的帮助，以及郑玥、王琤两位编辑的悉心工作。此外要特别感谢国际关系学院赵晓春老师、凤凰卫视杜平老师、对外经贸大学檀有志老师、以及中国人民大学李巍老师在百忙之中抽空为本书撰写推荐语。在本书的编写过程中要特别感谢国际关系学院宣传部的陈丁丁老师，他对电影的热爱让笔者非常地钦佩，对于本书的成型他也给出了不少宝贵的意见。本书主编黄日涵、徐海娜、沈君哲，副主编李丛宇、袁野。本书的章节规划由黄日涵、沈君哲负责设计，各章由陈哲、冯浩宸、黄杰、沈君哲、袁野、张玊和周俊龙等国际关系学院国际问题研讨会成员共同撰写。导论部分由徐海娜负责，第一章主要由黄杰负责，第二章主要由周俊龙负责，第三章主要由张玊负责，第四、五、十二、十六章主要由袁野负责，第六章主要由冯浩宸负责，第七、九、十一、十九、二十章主要由陈哲负责，第八、十三、十四、十五、十七、十八章主要由沈君哲负责。全文的审校由黄日涵、李丛宇、丛培影、方鹿敏、沈君哲、倪春丽负责，在本书在校对过程中也要感谢李飞和乔昱人的帮助。由于时间仓促，编者水平有限，失误错漏之处在所难免，请各位同仁批评指正。

我们希望通过这本书让广大读者们对近现代国际关系的发展有

一定的认知。众所周知，阅读厚厚的国际关系史远远比不了观看历史题材的电影来得有趣，但电影往往源于生活而又高于生活，于是我们在书中需要尽可能地将现实与虚拟进行剥离，力求还原一段相对真实的近现代国际关系史。平心而论，这本书并不能使读者们系统地了解国际关系这门学科，也没有深刻地分析出文艺创作如何展现政治和历史的特点，这本书只是提供了一个不一样的视角，通过电影这扇窗户来观察国际关系史。序言初稿完成在阿根廷美丽的潘帕斯大草原，这里绿草如茵、万物繁茂，清风徐来，让人久久不能忘怀。借用阿根廷著名诗人豪尔赫·路易斯·博尔赫斯《致诗选中的一位小诗人》里面的一个名句："日子是一张琐碎小事织成的网，遗忘是由灰烬构成，难道还有更好的命运？"我想通过纸和笔写下你的故事也许是更好的选择。

编著者于阿根廷布宜诺斯艾利斯

2018 年 5 月

目　录

导论　电影与国际政治

电影能反映国际政治吗？2016年上映的美国大片《独立日2》中男主角和女友聊天用的QQ、和朋友抢着喝的蒙牛牛奶、参与拯救地球作战的飒爽英姿中国演员Angelababy(杨颖)，美国电影中的中国元素终于变得正面，而且演员不再只是“打酱油”了。尤其是影片中中国驻月球总指挥蒋将军这一角色的设定，再联想到《火星救援》里中国助推器“太阳神号”参与营救美国宇航员，对比长期以来美国电影中的中国元素，尤其是人物形象的设定：贯穿20世纪20年代到80年代的穿着满清官服的东方恶魔“傅满洲”“007系列”中要毁灭世界的诺博士、众多美国电影中的华人黑帮、更多面目呆滞刻板的中国旁观者……中国元素形象整体的改善(虽然仍有偏见和歧视)集中体现在近年的电影中(《功夫熊猫》《惊天魔盗团2》《钢铁侠3》等)。这些细节的变化确实从某种程度上肯定了中国的国际地位——以GDP总量第二的身份站到了世界舞台的中央，令人无法忽视。不过联系到近期关于中国南海问题日益加剧的中美博弈，不排除未来中国再次作为“美国英雄”的最大对手出现在美国大片中的可能性。

这些只是间接的反映，对国际政治事件进行直接描摹的电影更是数不胜数，自有民族国家以来的重大国际政治事件，几乎都有一部或多部电影予以记录和反映。政治类题材影片早已成为一个重要的电影类别，历史或政治事件因其主要人物真实、形象鲜明、故事情节曲折、冲突激烈、场面宏大而备受电影工业的青睐，远至反映希腊特洛伊之战的《特洛伊》、希波战争的《斯巴达300勇士》、罗马共和末期政治纷争的《埃及艳后》……近至反映第一次世界大战(以下简称“一战”)的《西线无战事》(德)、《我的1919》(中)、《战争与和平》(苏联)；反映拿破仑战争的《拿破仑战争》(法);反映第二次世界大战(以下简称“二战”)的《珍珠港》(美)、《斯大林格勒战役》(美)、《拯救大兵瑞恩》(美)、《伟大的转折》(苏联)、《莫斯科保卫战》(苏联)、《虎虎虎》(日英)等,都是场面宏大、投入巨大的精良之作。此后,朝鲜战争、越南战争、冷战、海湾战争、伊拉克战争、“9·11”事件及其后的反恐战争等。国际关系史当中的重大事件都对(不同的)当事国家以本国电影进行了反映,如反映朝鲜战争的有中国视角的《上甘岭》《英雄儿女》《铁血大动脉》等,朝鲜的《战友》《无名英雄》《看不见的战线》等,美国的《钢盔》《决不撤退》《满洲候选人》等,韩国的《太极旗飘扬》《小小莲池》《向着炮火》《欢迎来到东莫村》《高地战》等;反映越南战争的有美国视角的《现代启示录》《野战排》《我们曾经是战士》《猎鹿人》等,越南的《西贡大决战》《天与地》等,中国的《高山下的花环》《雷场相思树》《蛇谷奇兵》等。在这里,电影工业不仅仅是一个经济单元,也以讲述和记录历史的姿态进入政治和文化单元,成为优秀的意识形态国家机器。

改写和遮蔽历史

“意识形态国家机器”(ideological state apparatuses)这一概念由西方马克思主义学者阿尔都塞提出,是指与军队、法庭、监狱等具有鲜明暴力和强制特征的国家机器(state apparatus)对应的另外一系列机构:宗教、法律(观念)、家庭、教育、政治和文化(文学、艺术、体育)等。意识形态国家机器有两个作用,对内将“个体”的国民“询唤”教化成为“主体”、顺民;对外则塑造本国的良好形象,输出自身文化及价值观,取得对其他文化的优势作用。而要做到这两点,都无法避免需要对真实的历史进行修饰,将其中黑暗的一面进行改写和遮蔽。其中,美国主流电影工业好莱坞以其成熟和完善的工业体系、强大的国家实力为后盾,成为意识形态国家机器中的杰出代表。

1994 年的美国电影《阿甘正传》是达到双重教化作用的最成功案例之一。电影当年就在全球获得了近七亿美元的票房,同时还荣获了六项奥斯卡大奖，不仅票房和艺术双赢，其政治效果也很惊人：在美国国内不但帮助美国保守派夺回了当年的中期选举，还加固了全国对美国保守主义理念的认同。

许多影片在制作时人为设定了倾向性，将一类人物与相关的行为、思想特征塑造为积极的正面形象，而将另一类描述为反面形象。意识形态在这一过程中传递着“真实的谎言”，它说的可能不是真的，但又以无比真实的“历史”场景表现：比如《阿甘正传》将电影人物阿甘放入历史场景中，接受美国总统肯尼迪和约翰逊的接见、现身于小石城101空降师保护黑人学生入学现场，等等。电影以黑白片进行表现，造成一种历史纪录片的真实感，达到用希望你看到的“真相”来重塑历史和人们的认识的目的。在娱乐的过程中，大众无意识地接受了统治集团的意识形态和价值观念。为了表现影片想要宣扬的美国信条、美国精神，在真假莫辨的历史图景描述中，《阿甘正传》刻意“忽略”了许多历史事件。比如选择表现肯尼迪和里根的遇刺，忽略了同时期的黑人和平主义民权运动领袖马丁·路德·金和激进派黑人民权运动领袖马尔科姆·X遇刺的事件；选择突出20世纪六七十年代美国青年的反战民主运动，却忽略了规模空前的黑人民权运动和妇女解放运动，而且为了表现阿甘的品格魅力，电影《阿甘正传》对人物也做出了与原著小说截然相反的许多修改，小说中认真生活的珍妮在电影中成了60年代反文化运动精神的象征，放浪形骸，最后死去；而在小说中走向吸毒的阿甘则成了专一、执着、不屈不挠、有信仰的保守主义精神理念的符号，在战友和朋友中成了唯一实现美国梦的人。

这部影片与后来包括时任美国总统布什和丹·奎尔等人在内的演讲共同构成了保守派对自由派发动的文化攻势，它一方面对美国保守主义主流价值观做出了近乎完美的表达，另一方面也成功地重新改写了美国人及全球电影观众对近代美国历史的记忆。据统计，当年34%的在1994年国会选举中投共和党票的美国人认为《阿甘正传》对60年代历史的表现不是虚构的，而是纪实的。

这种对历史的改写和遮蔽大量存在于美国电影中，典型如《U-571》和《爱国者》,这两部电影上映当年都引发了英国人的抗议。影片《U-571》将二战中与德国潜艇斗智斗勇、出生入死夺取德军"哑谜"密码机的主角设置成"美国英雄",而历史上真实的英雄实为英国皇家海军,当时的美国还没有参战。

虽然电影的画面语言是世界性的,但在民族国家仍然是主要国际行为体单元的当今世界,包括语言在内,电影工业和电影最重要的特色依然是民族性。因此,绝大多数反映和记录国际政治事件的电影都带有鲜明的叙事立场。如文章开端提到的相关国家拍摄的二战、冷战、朝鲜战争、越战等国际政治事件题材的电影,各国相同事件不同版本的故事都是根据自身国家利益凝聚民心、汇聚共识,进行形象宣传的。

由于美国主流电影工业好莱坞从一战后至今一直是世界电影工业名副其实的霸主,并且作为技术纯熟的表述体系,美国电影在执行意识形态国家机器的功效时最具代表性,而好莱坞的兴起更与华盛顿的鼎力支持与扶助密切相关,因此考察好莱坞与美国政治及国际政治的关系也是回答电影与国际政治两者关系的最好切入点。

好莱坞:编外宣传部

早在 1917 年美国宣布加入一战后,时任美国总统伍德罗·威尔逊就认真思考并落实了让电影担负起推销美国价值观的重任。美国对德宣战后,好莱坞拍摄了大量的宣传片,在影片中,美国、英国和法国被描绘成神圣的国家,而德国却成了"穷兵黩武的国家"。1917 年,威尔逊总统批准建立了国会公共信息委员会,以此为标志,华盛顿和好莱坞的伙伴关系正式建立。该委员会成立的目的就在于"通过电影推广美国的文化和价值观""在海外传播美利坚的福音"。此外,美国政府还成立了一个对外电影中心，该中心的职责就是在全世界推广美国电影。乔治·克里尔设立了美国电影出口的强制条件:出口电影必须含有20%的"教育内容",而那些其中蕴含着"非真实"的美国价值观的电影或传播美国负面形象的电影都严禁出口。到一战结束时，“好莱坞的电影已经成为美国新建立的全球实力的一大文化延伸”。①

二战的爆发更加速了美国政府对电影这一宣传武器的运用。日本偷袭珍珠港，美国宣布参战，罗斯福任命洛厄尔·梅利特为政府电影协调人。梅利特这个职务的使命是充当政府与电影界的联络员并建议各大公司进行战争片的生产，罗斯福向梅利特提出了希望好莱坞在影片中集中反映的6个与战争有关的题材范围，“事件的缘起(我们为何而战)、敌方情况、盟国情况、后方战线、生产战线、美军情况”。②每一部新片的拍摄“都要遵旨自问：‘这部电影能够帮助赢得战争吗？’”③

而著名的战后扶助欧洲的“马歇尔计划”则被戏称为“好莱坞巨头计划”，在该计划实施过程中，好莱坞得到了上千万美元的直接补贴。双方就好莱坞的功效达成了一致的认识：好莱坞“要在思想领域为全球性的‘马歇尔计划’”做出贡献，“让唐老鸭担任世界大使！”④借助马歇尔计划，战败各国被迫延缓了保护本国影片的立法，好莱坞在战争中积存多年的影片倾泻进入这些国家，美元与美国国际形象得到了双丰收。

在冷战过程中，好莱坞继续与政府倾力合作，主要的配合部门特色鲜明，即在好莱坞电影中经常出现的神秘的中央情报局。这场张力十足的战争在美国的反共主义者们看来就是一场“圣战”。1955年12月16日，参谋长联席会议召开了一次绝密会议，主题是讨论如何在好莱坞贯彻“战斗的自由”。所谓“战斗的自由”，旨在用“通俗易懂的语

① [加拿大]马修·弗雷泽：《软实力——美国电影、流行乐、电视和快餐的全球统治》，刘满贵、宋金品、尤舒、杨隽译，新华出版社，2006年，第33页。

② 转引自[美]托马斯·沙茨：《第二次世界大战与好莱坞“战争片”》，章杉译，《世界电影》2003年第4期。

③ [英]大卫·普特南：《不宣而战——好莱坞VS全世界》，李欣、盛希、李曼江、周南译，中国电影出版社，2001年，第178页。

④ [加拿大]马修·弗雷泽：《软实力——美国电影、流行乐、电视和快餐的全球统治》，刘满贵、宋金品、尤舒、杨隽译，新华出版社，2006年，第49页。

言”说明共产主义统治下的真实情况，阐明自由世界生活方式的基本原则，并“唤醒自由国家的人民，让他们看到自由世界面临的严重威胁，激发他们起来与这种威胁作斗争”。[①]作为最懂得政治正确性的商业机构，好莱坞的政治风向把控与普遍的政治和社会情绪总体一致，大量的反共影片成为好莱坞冷战时期的底色，如《红色梦魇》(The Red Nightmare)、《红色的威胁》(Red Menace)、《入侵美国》(Invasion America)、《红色火星》(Red Planet Mars)、《铁幕》(Iron Curtain)等。好莱坞用行动和事实告诉世人，“把‘善良’与‘邪恶’的标签从这个国家身上撕下贴到另一个国家身上是多么轻而易举”。[②]

“9·11”后，为了鼓舞遭受沉重打击的国民士气，重新树立民众对政府和未来生活的信心，华盛顿再次公开向好莱坞委以重任——“反恐”题材再次成为好莱坞的“主旋律”。美国总统布什的高级顾问卡尔·罗夫邀请47位好莱坞制片商召开会议，他传达了布什拟定的七大主题，主要包括：让“反恐”意识深入人心，恢复美国下一代的信心和责任心，但同时要避免说教的味道，等等。白宫将在物质上提供大力支持，包括资金和军用道具。[③]

事实上，这也是美国政府用来影响和塑造好莱坞的一个重要手段。例如，美国国防部的专门机构——好莱坞联络办公室就是对剧本和影片实行审查的部门。如果负责检查影片的官员对某个剧本不满意，他们就会拒绝让制片商使用国防部的资源——飞机、军舰等来拍电影。除了国防部之外，联邦调查局和中央情报局也是好莱坞长期联

---

① 参谋长联席会议，“Report of Conference in California in Connection with Cornelius Vanderbilt Whitney's ‘American Film Series’ and ‘Militant Liberty’”，1956年7月5日(PSB/HT)。转引自[英]弗朗西丝·斯托纳·桑德斯：《文化冷战与中央情报局》，曹大鹏译，国际文化出版公司，2002年，第322页。

② Arthur Miller, Timebends.转引自[英]弗朗西丝·斯托纳·桑德斯：《文化冷战与中央情报局》，曹大鹏译，国际文化出版公司，2002年，第325~326页。

③《“反恐怖”题材将成美国电影主旋律》，http://ent.enorth.com.cn/system/2001/12/21/000223953.shtml，上网日期2012-2-19。

络配合的官方机构。中情局不仅在冷战时期致力于反共和树立美国的正面形象，在发挥隐形文化部和宣传部职责方面，现在也同样不落其他部门之后。在2006—2011年间，中情局至少参与了22个娱乐项目，范围包括书籍、电影、电视剧、纪录片和真人秀等多个领域，其中参与美国电影《猎杀本·拉登》程度最大。多位中情局官员和参与击毙本·拉登行动的中情局内线向未经安全审查的制片人提供了击毙本·拉登行动中诸多敏感信息。为了配合影片拍摄，一名中情局官员竟然与导演凯瑟琳·毕格罗和编剧博尔会面多达12次！影片按照中情局的意见对许多细节进行了修改，对主要人物的塑造进行了调整。①

有美国政府的鼎力支持，好莱坞优秀地发挥了对内对外的"意识形态国家机器"的功能，在"9·11"之后所拍摄的主流大片中，以《魔戒》《哈利·波特》《纳尼亚传奇》为代表，故事主线都是与黑魔王的斗争，即光明世界与黑暗世界的对抗。再加上"超人"系列、"蜘蛛侠"系列、"钢铁侠"系列等电影，美国国民在现实世界中无法直面的恐惧都通过好莱坞的科幻、魔幻电影在想象中得到了消解。而随着这些电影在全世界的热映，电影中所传递的永恒不变的新教、帝国意识、"天定命运"、英雄(美国)拯救世界的信息已经遍及四方，将潜藏在电影中的价值观念和文化底蕴都编织到了观众的"政治无意识"中。

软实力与文化领导权

美国好莱坞电影工业不仅是一个产值已经超过了航空业的产业，同时还是一种经济垄断组织和重要的大众文化传播工具，集政治、经济、文化功能于一身。因此，美国电影成为美国国家实力的重要构成要素，更是软实力的最重要组成部分。曾在克林顿政府任副国防部长的哈佛大学教授约瑟夫·奈认为，软实力主要通过文化、价值观等观念性

① 胡文瀚："中情局——美国文化娱乐业的'幕后黑手'"，http://www.globalview.cn/html/global/info_11715.html 上网日期 2016-7-20。

力量发挥作用，并且文化本身不是软实力，文化只“在能对他国产生吸引力的地方起作用”。也就是说，只有当本国的文化对他国产生吸引力、影响力时，才能使文化转化为国家的软实力，即“文化软实力”(Cultural Soft Power)。这种吸引力、号召力和影响力就体现在面对本国国民凝聚民心、汇聚共识、激发骄傲感和自豪感上，也激发起外国民众的喜爱之情和向往之心。美国电影已经向全世界展示了这两种作用。

此外，约瑟夫·奈还用软实力的概念重新解读了文化霸权的内容，他尤其提到了美国大众文化的重要作用，“体现在产品和通信上的美国大众文化具有广泛的吸引力。从未到过美国的日本青年身上穿着印有美国大学名称的运动服，尼加拉瓜政府在与美国支持的游击队作战时，尼加拉瓜电视台却在播放着美国的电视节目”①。他指出，要用美国的生活方式、娱乐方式、文化和价值观对全球形成的吸引力来维护美国对世界的领导地位。简言之，美国的领导地位只有建立在道德基础上，才是更有效的领导地位。②一方面美国电影用不断创造魔幻、科幻、动作大片大场面的感官冲击来吸引普罗大众，另一方面美国电影同样在努力达到上述的道德高度。除了类似《绿色贝雷帽》《钢盔》《空军一号》等彻头彻尾的政治宣传片、战争宣传片，美国电影表现出的反思精神令人在敬佩之余更心生畏惧。《现代启示录》《猎鹿人》《野战排》《全金属外壳》当中战争对个体的人造成的伤害；《撞车》《紫色》《珍爱》《匪帮说唱传奇》等电影对美国种族问题的反思；《隐形的战争》《西点揭秘》等对美国军中痼疾的勇敢探讨……都在提醒人们，这是一个开放的、生机涌动的文明所支持的娱乐工业。敢于面对自己的黑暗面和丑恶面，它在成长中的伤痛才能逐渐痊愈，文化生命才会不断获得代谢和再生。“批评美国文化统治的人们至少可以确信在概念上能够取得

---

① Joseph S. Nye, Jr., Soft Power, *Foreign Policy*, No. 80, Fall 1990.

② Joseph S. Nye ,Jr., The Power We Must Not Squander. *New York Time*, January 3, 2000.

共识：大家并没有把美国当成一个国家，而是将其视为一个帝国势力。”[①]“历史上没有哪个帝国,不管是罗马帝国、大英帝国、西班牙帝国抑或奥斯曼土耳其帝国,能像美国这样,拥有能跨越世界、塑造形象并向世人展示其生活方式的强大媒体。”[②]美国人可能更愿意将此类评论视为盛赞。

虽然类似的超越政治宣传的深刻反思在一些国家的电影中也能够看到,如韩国的《太极旗飘扬》《共同警备区》《欢迎来到东莫村》,德国的《再见列宁》,南斯拉夫等多国合拍的《地下》等,但美国及其电影工业的总体实力令其在这方面的能力也是成体系和规模化的,其他各国仍难以与其匹敌。

结 语

在仍然奉行丛林法则的国际社会,国家间关系仍然是国际政治的主流,而源于国家主权的国家利益就是国家的最高目标,是国家行为的出发点和归宿。而美国政府和美国电影工业以其发展历史和实力向世人展示了硬实力是怎样与软实力达到比较完美的结合,作为国家机器的政府怎样与作为意识形态国家机器的一项文化产业在双赢中将国家利益的收益最大化。好莱坞成为各国电影工业及文化软实力的典范,好莱坞与美国政府的关系也成为各国政府值得深思的课题:如何在保持电影工业经济活力和一定自由度的同时,提升电影作为国家软实力的功效。

国际政治像一座漂浮在海上的冰山,战争、冲突、斡旋、谈判等都是漂浮在海面之上的部分,而书籍、电影、音乐等表达方式及其所蕴含和传递的思想、认识、价值观念则是隐藏在海面之下庞大的冰山部分。没有这一部分的承载,冰山上面的部分也无法继续存在。因此,研究电

---

① Ben J. Wattenberg, Neo-Manifest Destinarianism, *America's Purpose*, p. 110.

② 奈森·嘉戴尔斯、迈克·麦德沃:《全球媒体时代的软实力之争:伊拉克战争之后的美国形象》,何明智译,中信出版社,2010 年,第 13~14 页。

影与国际关系其实是一个很有意思的话题,人们可以透过电影更深层次、更立体地认识国际关系史中的大事件,而且可以让读者印象深刻,透过电影的表象,深入地揭示国际关系史中的内在逻辑,以及感受到扣人心弦的那些故事,这正是其他方式难以达到的。电影《西雅图不眠夜》里有一句台词:“你每天都在做很多看起来毫无意义的决定,但某天你的某个决定就能改变你的一生。”我想这句台词是非常深刻的,许多时候你的人生就是一个决定改变的,而历史往往也是一个决定改变的。当然历史不能假设。这本书中只是让我们透过电影来走近、了解国际关系史,换一个角度思考世界。

我的 1919

时代背景 1919 年

地域背景 巴黎

电影制作 中国 / 1999 年 / 98 分钟

电影导演 黄健中

电影编剧 黄丹 / 唐娄彝

电影主演 陈道明 / 许晴 / 何政军 / 修宗迪

001 《我的1919》——巴黎和会

【《我的1919》——影片简介】

对于很多读者而言,《我的1919》这部电影一定不会陌生——不管是学校还是工会组织的观影活动,这部电影都或多或少地会出现在名单之中;而电影所反映的事件——“巴黎和会”也是中学历史课本中的重点内容。

《我的1919》回顾了中国外交人在巴黎和会上的努力和无奈。1919年年初,旨在处理战争遗留问题的巴黎和会召开,中国驻美公使顾维钧作为北洋政府全权代表赴法参会。在“社会达尔文主义”盛行的当时,中国的战胜国身份并没有为其获得有利的谈判地位。尽管顾维钧在辩论会上慷慨陈词,严正声明了中国必须收回山东的立场,但“弱国无外交”的现实最终还是给中国带来了沉

社会达尔文主义

社会达尔文主义由生物学家达尔文的“自然选择”观点演绎而来。达尔文认为,随着自然环境的变迁,各种生物也会发生从低级到高级的进化,那些适应不了新环境的生物则会逐渐走向灭亡。而社会达尔文主义的提出者斯宾塞认为,人类社会也同样遵循着“物竞天择,适者生存”的丛林法则。在对待社会的问题上,社会达尔文主义成为自由放任的资本主义、帝国主义和种族主义政策的哲学基础,曾引发了广泛争议。社会达尔文主义在20世纪逐渐走向衰落,但社会达尔文主义在现代的社会、政治中依然存在。

重打击：巴黎和会否决了中国的合理诉求，并决定由日本继承德国在胶东半岛的特权。这一决定直接导致了中国国内“五四运动”的爆发。然而对于这一不公的决定，北洋政府选择了接受。两难之下，代表团团长陆征祥只好出走。和会最后一段时间里，顾维钧独自担当起为中国做最后努力的职责，一直坚持到和约签订前的最后一刻。最终，顾维钧以“拒签”的行为表达了中国人的愤怒。①

影片以顾维钧为第一视角，可以说既反映出巴黎和会的本质，也表现了在黑暗中闪烁的中华民族外交家的精神与风采。

顾维钧被誉为“民国第一外交家”，其外交生涯贯穿于中国政权更迭最为频繁的几十年，影片对他的解读，正体现出国人对其雄辩才能与敬业精神的认可与敬佩。唐德刚曾评价道：“中国百年外交史上只出了两个半外交家，一个是周恩来，一个是李鸿章，顾维钧只算半个。”然而就是这半个外交家在巴黎和会上的慷慨陈辞以及最后的拒签为中国的外交史翻开了新的一页。

至于巴黎和会作为处置战败国的会议究竟是否损害了中国的利益、对于世界秩序的重建又起到了什么样的作用，从不同的角度出发便会得到不同的答案。以下将从国际关系史的角度，结合局内、局外人物对事件的评价进行相对客观和全面的展示，希望引起读者朋友的思考。

【巴黎和会——事件概览】

巴黎和会于 1919 年 1 月 18 日在巴黎凡尔赛宫召开，旨在讨论战后处置问题以及维护战后的和平。和会与会国均为战胜国，各国代表达到千人，其中全权代表七十人。其间，三巨头——美国总统威尔逊、

① 资料来源：时光网，http://movie.mtime.com/26578/plots.html。

英国首相劳合·乔治、法国总理克列孟梭主导了和会的进程。[①]和会上签订了处置战败国德国的《凡尔赛和约》，同时战胜国分别同德国的盟国奥地利、匈牙利、土耳其等国签订了一系列和约，这些和约与《凡尔赛和约》一起通过领土分配及赔款等措施构建起了一战后主导国际政治格局的“凡尔赛体系”。[②]值得一提的是，和会首次尝试通过筹组一个国际联盟来建立理想的国际外交规范，这成为后来联合国的雏形。

凡尔赛体系

凡尔赛体系是指一战后，英、法、美、日等战胜国通过巴黎和会与华盛顿会议上的相互勾结和妥协，建立在宰割战败国、牺牲弱小国基础上的国际体系。《凡尔赛和约》签订后，协约国又相继同奥地利、保加利亚、匈牙利、奥斯曼帝国签订了一系列和约。这些和约构成了战胜国对战败国领土主权及其殖民地再分割的体系。由于《凡尔赛和约》是其中的主要条约，因此由这些条约共同构成的体系被称为“凡尔赛体系”。在这一体系中，中国作为“无外交”的“弱国”，不仅没有得到应有的补偿和待遇，连国家主权也遭到进一步侵害。

1.和会背景

巴黎和会召开以前，世人普遍对其寄予厚望，希望和会能带来真正的和平，但与会各国实际上都有各自的打算：美国希望将自身经济实力的影响力拓展到国际事务中去，在国际舞台上大显身手。英法两国则希望利用战胜国的地位，从战败国身上多捞一些油水充实各自实力，称霸欧洲。在亚洲国家中，日本欲取代德国，享受德国在华利益。中国则希望能够趁机取消列强在华特权，特别是日本帝国主义和袁世凯

---

① 李迈先：《西洋现代史》，三民书局股份有限公司，1978 年，第 73~74 页。

② 王曾才：《世界现代史》(上)，三民书局股份有限公司，1991 年，第 86 页。

订立的“二十一条”等不平等条约。

2.会议经过

1919年1月至4月期间，与会各国先后召开了5次全体会议，并通过了《国际联盟盟约》。与此同时，英、法、美、日、意就制订对德和约问题也进行了激烈的讨论。讨论涉及战后德国的西部边界、萨尔区归属、德国赔偿和德国前殖民地的处理等问题，后经妥协，各国终于达成一致。签订的主要和约如下：①对德国签订《凡尔赛和约》(1919年6月28日)，②对奥地利签订《圣日耳曼条约》(1919年6月10日)，③对保加利亚签订《纳伊条约》(1919年11月27日)，④对匈牙利签订《特里亚农条约》(1920年6月4日)，⑤对土耳其签订《色佛尔条约》(1920年8月10日)，总称“巴黎和约”。[①]历时一年的巴黎和会于1920年1月21日闭幕，不过由于匈牙利曾一度发生共产革命，拖延了其与土耳其的签约时间。值得一提的是，协约国还加入了有“干涉内政”之嫌而饱受批评的“保障少数民族条款”，以保证东欧各国境内少数民族的权益。

上述和约签订后，不久便分别获得有关国家批准并开始生效。美国方面，由于国内反对加入国际联盟，美国政府不得不与各国重新签订了不含国联盟约的协定。

可以说，尽管在巴黎和会召开初期，美国总统威尔逊的“十四点计划”曾一度给这次会议带来了理想主义的光芒，然而随着会议进程的进行，战胜国报复、瓜分战败国的企图迅速将和会拉入了现实的深渊，威尔逊所提出的裁军、限制军备与民族自决等原则均无法实施。最后，美国虽签署了条约，但最终未能通过国会批准，美国也没能参加国际联盟，外交政策从此走向孤立。日本代表提出的“种族平等”议案虽然得到了与会国家17票中11票的支持，却遭到澳大利亚的坚决反对，

① 李迈先：《西洋现代史》，三民书局股份有限公司，1978年，第76页。

最终被英美否决。消息一出激起了日本国内民族主义的情绪。

当时中国代表团有五位全权代表，包括外交总长陆征祥、驻美公使顾维钧、南方政府代表王正廷、驻英公使施肇基、驻比公使魏宸组。陆征祥任代表团团长，另随代表团与会的还有秘书朱佛定。中国在巴黎和会上要求索回德国强占的山东半岛主权，但英国、法国、意大利主张将德国的利益转送日本。美国则提出暂交英法意美日五国共管，这一提议遭到日本拒绝。中国代表团向和会提出两项提案：取消帝国主义在华特权，取消日本强迫中国承认的“二十一条”并收回山东特权，但提案被否决。巴黎和会引起中国人民的强烈抗议，国内爆发了五四运动，中国代表最终没在和约上签字。

十四点计划

十四点计划又称十四点和平原则，由美国总统威尔逊于1918年1月8日最初提出。其具体内容包括：①无秘密外交；②航海自由；③消除国际贸易障碍；④限制军备；⑤平等对待殖民地人民；⑥德军撤出俄国领土；⑦恢复比利时之独立性；⑧德国归还亚尔萨斯及洛林予法国；⑨根据民族性原则，重塑意大利边境；⑩奥匈帝国的民族自决；⑪同盟国撤出罗马尼亚、塞尔维亚和黑山；⑫鄂图曼帝国的民族自决；⑬恢复波兰之独立性；⑭成立国际联盟以维护世界和平。十四点计划提出之后被盟军接受，成为巴黎和会召开的指导原则。然而在和会的召开过程中，各国对利益的你争我夺最终还是使这一计划成为一纸空文。十四点计划的提出使威尔逊获得了1919年的诺贝尔和平奖，也深刻地影响了此后的国际关系。其所倡导的国际联盟最终促成了联合国的建立，而其所反映出的理想主义色彩也影响了国际关系学科的发展。

《东方》杂志刊登的“中国参与欧洲和会全权委员”

图片来源:《东方》杂志

3.会议影响

在巴黎和会以后,各国将世界秩序做了重新安排,列强在欧洲等地区的矛盾也暂时得到了缓解。对相关各国而言,和会产生了不同程度的影响。

首先,在战胜国方面,英国对条约的内容大体感到满意,但是会后法国政界对于法国所获得的利益感到失望,总理克列孟梭在随后的大选中下台。美国方面,巴黎和会的结果在美国国内引起了争议,尽管美国民意强烈要求美国批准条约,但在参议院的重重阻挠下,美国最终没有批准和约,这也在一定程度上促使了华盛顿会议的后续召开。

其次,在战败国方面,由于国内民众强烈的不满,德国起初拒绝接受苛刻的条约，德国海军甚至自沉舰艇表达抗议。直至 1919 年 6 月 28 日，协约国向德国发出了最后通牒，新成立的魏玛共和国总统弗雷德里希·艾伯特才决定接受条约。这一举动在德国国内引发了保皇派和民族主义者的强烈反对，魏玛政府的执政公信力受到了沉重打击，不满的声音与反对的浪潮在德国国内引起了广泛共鸣，并最终被纳粹党所利用。

再次，对中国而言，从短期上来看，巴黎和会上中国的外交失败使得中国蒙受了损失。然而从长远来看，中国获得了较为难得的发展机会。一方面，一战削弱了帝国主义的力量，俄罗斯帝国崩溃了、奥匈哈布斯堡王朝被革命推翻了、德国也发生了革命，作为战胜国的协约国则负债累累，忙于修复战争创伤，恢复元气。同时，各列强一致对华的局面也不复存在。由此，中国在远东获得了较大的战略发展空间；另一方面，中国因签署《对奥和约》而得以加入国联，随即又先后签署了《对匈和约》和《对土和约》，随后中国首任驻国联代表顾维钧当选为国联理事会非常任理事，中国在国际社会上的地位得到了提高。另外，尽管中日两国在山东问题上仍然僵持不下，但是在战后俄国十月革命的影响下，经过五四运动，各种国民外交团体如雨后春笋般地建立起来，中国人民要求废除不平等条约、实现民族独立的潮流空前高涨。

五四运动

五四运动是 1919 年 5 月 4 日发生在北京的一场以青年学生为主，广大工人、市民等中下阶层共同参与的，通过集会、游行示威、请愿、罢工、暴力对抗政府等多种形式进行的爱国主义运动。五四运动的导火索是巴黎和会上中国的失败，其高度的爱国主义精神得到了全国各地的广泛支持和积极响应。

最后，巴黎和会的签订改变了东欧的政治版图，民族主义取得了胜利，出现了芬兰、爱沙尼亚、拉脱维亚、立陶宛、波兰、捷克与南斯拉夫七个新的独立国家。诚然，巴黎和会也有一些没有解决的矛盾，在之后进行的华盛顿会议上，各国又确立了华盛顿体系。巴黎和会与华盛顿会议一起建立起了一战后决定世界格局的“凡尔赛-华盛顿体系”。

【巴黎和会——事件评价】

1.局内人

（1）约翰·梅纳德·凯恩斯（John Maynard Keynes，1883—1946）——英国经济学家

巴黎和约没有包含任何旨在复兴欧洲经济的条款——没有条款用于将战败的“中心帝国”变成一个好邻居，没有条款用于稳定欧洲的新格局，也没有条款用于夺回俄国。同时，和约也没有从任何一方面稳固协约国之间在经济上的团结。巴黎和会上没有做出任何安排来重建法国和意大利失调的金融体系，也没有做出任何安排用以调整新旧世界体系。

四国委员会并没有注意到上述的议题，而是全神贯注于其他的事项——克列孟梭专注于摧毁敌国（德国）的经济；劳埃德·乔治则想要进行一个交易，并且收获一些回国一周能通过审核的条款；美国总统则没有做任何“违背正义或不正确”的事情。事实就是，欧洲面临着短缺与分裂的根本性经济问题，这一问题就摆在他们眼前，但却丝毫无法提起他们的兴趣。他们在经济领域主要涉及的就是赔款。然而他们将这一问题联系到神学、联系到政治，将其视为用于选举的花招，却偏偏不将其联系到他们所正在处置的国家的经济未来上。①

---

① Keynes, John Maynard, *The Economic Consequences of the Peace*, Courier Corporation, 2013, pp. 211–212.

(2)李惕·弗朗西斯科·萨瓦里欧(Francesco Saverio Nitti,1868—1953)——1919年至1920年担任意大利前总理

这(巴黎和会)在近代史中,留下永远可怕的恶例,违背所有保证、所有先例、所有传统,甚至德国代表也未想到,除了要他们在此饥饿交迫、国力衰竭与内部革命威胁之时,不得不签订的条约之外,其他什么也没有为他们设想。教会旧约中曾有规定:即使是魔鬼,也应有其发言的机会。然而,在这以国际公理自诩、首创民主的国家,对待被告却不及中世纪黑暗时代,连最起码的公理原则都不能遵从。[①]

(3)金问泗(Wunz King,1892—1968)——外交家

19及20世纪中日外交万分繁复, 然试觅解决两国争端的国际会议,只有巴黎和会、华盛顿会议,以及日内瓦国联三次。

……

盖威氏(威尔逊总统)于是年(1918年)一月间,在国会宣布原则十四点,以为议和基础……此等原则,倘果实行,则就我国而论,各国在华所有特殊权益……即一切不平等条约,均可望次第取消……即威总统赴欧之初,亦自以为此次必可得到真正和平。我国朝野,观于威氏本人亲自到会领导,以为我外交胜利可操左券。在我期望既殷,及其事与愿违,斯失望为尤甚焉。

……

巴黎和会一切问题,统归三巨头作最后决定。对于国际问题,每从时机方面着想,第一在维护及推进其各本国与欧洲的利益,次乃及于他事。对山东问题,毫不研究,亦不关心。又复侮弱助强,绝无国际道德观念,其为有心偏袒日本,早具成见,故无待乎密约规定也。[②]

---

① Nitti, Francesco Saverio, *Peaceless Europe*, Hard Press, 2006, p. 58.

② 金问泗:《从巴黎和会到国联》,传记文学出版社,1983年,第13~15页。

2.局外人

(1)科热里·巴尼特——英国军事史学家

与德国所期待的一旦赢得战争后他们强加于协约国的和平条约相比,《凡尔赛和约》实际上是相当仁慈的。对比布列斯特－立陶夫斯克条约,俄国失去了1/3的人口、一半的工业、90%的煤产地以及50亿马克的战争赔偿。巴尼特同样认为德国在签订条约后的战略态势较1914年更好,以前在德国东方可以起到平衡德国作用的俄罗斯帝国和奥匈帝国消失,而且德国和新生的俄国之间有波兰作为缓冲。在西方只有无论是经济实力还是人口都不如德国、法国和比利时。巴尼特还认为，英法两国应通过一种彻底摧毁俾斯麦一手创立的统一的德国，并使其重新分裂为多个、较弱小的政治实体的方式实现欧洲大陆的永久和平。只有这样做才能彻底解决德国给欧洲带来的麻烦,但英国并未达成自己参战的目的。①

(2)唐启华——历史学者

到目前为止,一般人的印象《凡尔赛和约》不能签,主要的原因是里面有三条,156、157、158条规定的是把德国在山东的权益转让给日本,而不是交还给中国。所以中国若签署此约就等于承认日本取得了原来德国在山东的权益。所以中国老百姓坚决反对签约。事实上真相可能复杂一点,即对德和约条文上是做了这样三条的规范:把德国的权益转让给日本，但是日本也在巴黎和会最高会议上面做出了口头保证,将来一定会把权益还给中国,日本只保留一部分经济利益,甚至于还做成会议录。但是日本坚决要求不能够把它的保证见之于白纸黑字的条约里面。所以条约上日本要取得德国利益,但是实质利益日本可以还给中国。当时知道内情的外交官和北洋政府的高官多认

① [英]诺曼·斯通:《一战简史》,王东兴等译,中信出版社,2014年,第243~248页。

为其实可以签的，但是这种属于外交机密的事，老百姓不知道。所以在这种情况之下老百姓坚决主张不能签约。可以说当时主张签署和拒签基本上都是以中国国家利益为出发点，都是爱国的，只是立场不一样。这种比较复杂的内情，现在一百年之后我们可以把这些事情讲出来。①

(3)袁继成、王海林——中南财经政法大学政法系教授

长期以来，人们认为一战是帝国主义战争……在巴黎和会上，中国成了帝国主义分赃政策的牺牲品，不仅一无所获，反而使自己身上的枷锁更加沉重了。其实，冷静地把中国参加一战和巴黎和会这两件事放到中国近代摆脱半殖民地半封建状态、争取国家独立、民主和社会进步斗争的长河里考察，就会觉得中国参战不是没有道理的，中国在巴黎和会上是有失也有得的。

巴黎和会是一次掠夺战败国和瓜分其殖民地的分赃会议。英、法、意、日热衷于让战败国割地赔款，美国希望通过这次会议建立起自己的世界霸权，日本还处心积虑地算计中国。“五大国各倾其私，唯强是逞”，哪把中国的要求放在心上。因此，中国对和会期望越大，对在和会上的失败也感受愈深，反应愈强烈。

但是中国在和会上有失也有得。中国拒签合约，并未引起人们原来担心的外交上的“严重后果”。相反，中国的行动使日本不能“合法继承”德国在山东的权益，山东问题实际上悬而未决，为以后华盛顿会议上重新提出和解决，埋下了伏线。中国的行动，也使美、英、法等国处于十分为难的境地。同时，中国收回了德、奥在华特权，签订了对奥、对匈、对保条约，成为国际联盟成员。更为重要的是，中国代表在巴黎和会上的抗争，既是中华民族义愤的反应，又反过来促进了中华民族的新觉醒、新抗争。②

---

① 田超：《唐启华：巴黎和会外交没那么失败》，《襄阳晚报》2014 年 8 月 12 日。

② 袁继成、王海林：《中国参加第一次世界大战和巴黎和会问题》，《近代史研究》1990 年第 6 期。

思考题

1.以与会各主要国家自身为视角,巴黎和会对其产生了哪些正面或负面的影响?

2.巴黎和会对于世界格局的变化起了怎样的作用?

3.中国在巴黎和会上的外交真的“失败”了吗?

延伸阅读

1.唐启华:《巴黎和会与中国外交》,社会科学文献出版社,2014 年。

2.邓野:《巴黎和会与北京政府的内外博弈:1919 年中国的外交争执与政派利益》,社会科学文献出版社,2014 年。

珍珠港

时代背景 1940—1941 年

地域背景 美国

电影制作 美国 / 2001 年 / 183 分钟

电影导演 迈克尔 · 贝

电影编剧 兰道尔 · 华莱士

电影主演 本 · 阿弗莱克 / 乔什 · 哈奈特 / 凯特 · 贝金赛尔 / 小库珀 · 古丁 / 强 · 沃特

002《珍珠港》——珍珠港事件

【《珍珠港》——影片简介】

《珍珠港》可能是导演迈克尔·贝在成为观众心中的“变形金刚专业户”之前最重要的作品之一。上映之前，影片庞大的投入使得迪士尼公司对其信心满满，然而在遭遇票房滑铁卢之后，《珍珠港》过长的放映时间、“烂俗”的爱情套路都成了当时人们口诛笔伐的对象。当然，如今回过头去看这部影片，可以发现，《珍珠港》的故事并不如其票房所反映得那么不堪，其中还有不少的闪光点和值得思考的地方。

《珍珠港》是一部披着战争外衣的爱情电影，以美国参与第二次世界大战为背景线索，讲述了雷夫、丹尼以及伊芙琳三人之间的情感纠葛，将三人的友谊、爱情放置于历史时空背景下，以情感主线与人物关系的变化突出了一个特殊时代的国家信仰。具体的情节我们在此并不详述，但电影的情感线是明确的：战争会摧毁爱情，也会催生爱情；对于友谊而言，也同样如此。从更为广阔的视角来看，《珍珠港》所折射的不仅是个体，更是整个美国与二战相关联的命运。从国民信仰的聚合到美国在战争中的胜利，再到随后世界格局的改变，作为空军飞行员和战地护士，

> **珍珠港**
>
> 珍珠港位于北太平洋瓦胡岛南岸，隶属于美国夏威夷州。由于地理条件优越，美国从19世纪末开始在珍珠岛兴建海军基地。珍珠港是美国在太平洋地区最大的前沿海军基地，也是美国“前沿防御”的关键支撑点和美国西向战略部署的基础。

雷夫、丹尼与伊芙琳三人的情感命运与美国在20世纪三四十年代的国家命运紧密联系在一起。爱情话题中最为尴尬的三角关系在珍珠港事件爆发后不久即被战友的生死情谊所取代,这恰好反映了本片所强调的“美国信仰”。正如罗斯福在影片中的“国耻演说”里所言:“无论需要多长时间也要战胜敌人预谋的侵略,正义的美国人民必将赢得彻底的胜利。”

这种“美国信仰”支持着美国完成了由“孤立”到参战的转变。也正是这种信仰,与此后美国国家的命运发展一脉相承,成为日后美国价值观外化的基石之一。二战后,美国以强大的经济和军事实力成为世界中心,而包括爱国主义、生命至上、合作精神等从个体到群体的价值意识都成了现代美国的精神标识,并在世界传播。影片最后,伊芙琳的旁白“America suffered, but America grew stronger”(美国受到了战争的创伤,但创伤让美国更加强大了)从某种程度上表达了珍珠港事件及整个二战对在日后世界体系中美国塑造核心地位的意义。

【珍珠港事件——事件概览】

珍珠港事件作为太平洋战争爆发的序曲,对刺激美国宣布正式参战有着重要的意义。美国学者约翰·托兰在其著作《日本帝国的衰亡》一书中就曾发出疑问:“为什么同美国加利福尼亚州那样大小的日本胆敢对珍珠港发动自杀性的进攻,从而将自己拖入了一场面对一个国力十倍于己的敌人的绝不可能获胜的战争?”[①]美国学者鲁丝·本尼迪克特将日军的疯狂行动归结为“盲目自信”,其根源则是日本人独有的民族心理。[②]事实上,日本进攻珍珠港有着特殊的利益诉求

① [美]约翰·托兰:《日本帝国的衰亡》,郭伟强译,新星出版社,2008年,第189~192页。

② [美]鲁丝·本尼迪克特:《菊与刀》,吕万和、熊达云、王智新译,商务印书馆,2009年,译者前言第1~3页。

和战略考量。

就日本国内来看，由于1940年以来美国对日本实行了石油禁运，日本的石油储备难以维持其高昂的战争成本，这使得日本不得不孤注一掷。具体来说，日本由于不能在中国战场打开局面，就将目光转向了东南亚。此举触动了西方的利益，以美国为首的西方国家先后对日本进行了冻结财产、石油禁运等制裁措施，这使得日本本就拮据的国内财政雪上加霜。

从美日关系来看，由于美国国内的分歧，美国对于日本的侵略行径一直持睁一只眼闭一只眼的态度。在珍珠港事件爆发前夕，美日双方进行了多次谈判。但由于日本早已制定好对美的偷袭计划，谈判也只不过是日本为了进行战争准备的借口。1941年11月中下旬，美国在拒绝了日本的最后两个谈判方案后，对日提交了《美日协定大纲》，亦即《赫尔备忘录》。该备忘录拒绝承认伪满和汪伪政权，要求日本无条件从中国和印度支那全面撤军。对于彼时沉醉于“大东亚共荣圈”之梦的日本而言，这些条件显然是不可接受的。因此，这份备忘录被视为美方逼迫日本投降的最后通牒，于是，日本决定先下手为强，发动太平洋战争。

> **《赫尔备忘录》**
>
> 1941年11月下旬，在美日谈判处于破裂边缘之际，美国总统罗斯福授意国务卿科德尔·赫尔将措辞强硬的备忘录交与日方，史称《赫尔备忘录》。其主要内容是：日本从中国和印度支那撤军；美日两国只承认重庆的国民政府，不得以任何方式支持其他政权；美、英、日、中、苏、荷、泰等国缔结一项多边互不侵犯条约，以重新确立《九国公约》精神，取代三国同盟条约。日方收到备忘录后，于11月27日举行联席会议进行讨论，并最终于12月1日决定与美国开战。

美国方面，尽管不少智囊和军事将领有过日本进攻美国的预判，日本进军前夕美国也收到了来自各方面的情报，但是美国高层似乎并未太予以重视。同时,二战前美国的军事战略重心偏重欧洲,并且其所奉行的孤立主义政策也使得美国的部署不甚严密。在种种因素的影响下,美国对于日本袭击珍珠港的防备准备得并不充分,或有意或无意地给了日军可乘之机。

1.事件过程

1941 年 11 月 16 日，日本海军中将南云忠一指挥的日本特混舰队在日本内海口聚集。该舰队编有 6 艘航空母舰、2 艘战列舰、3 艘巡洋舰、9 艘驱逐舰、3 艘油船以及 1 艘给养船。为了达到出其不意的效果,各舰艇编队设置了不同的出发日期,从 17 日开始陆续向千岛群岛南端的单冠湾进发。①

11 月 26 日 6 时,偷袭部队出港,秘密驶向北纬 42°、西经 170°的海域等待进攻命令。日本在假意与美进行和平谈判的同时,加紧在珍珠港附近派驻间谍对美国军舰停泊位置进行调查,并做出日本主力舰队驶往东南亚的假象。此举起到了蒙蔽美国的作用,美国的太平洋舰队并没有进入战备状态,军舰都抛锚停泊在港口内,战斗机也都停在露天的机场上且并未进行油料和弹药的补给。

12 月 2 日,偷袭部队驶出日本边界进入中途岛以北的西经海域;12 月 8 日(夏威夷时间 12 月 7 日),山本五十六发出指令:发起攻击。南云忠一随即下令各舰艇熄灯行驶、关闭无线电联络,并指示各舰船随时做好战斗准备。

12 月 7 日清晨，日本航空母舰编队进入了舰载机的有效进攻范围,第一批共 183 架舰载机接到了进攻命令,旋即扑向珍珠港。仅仅几分钟的时间,日本飞机的第一波攻击就将珍珠港基地四周机场上数百架飞机炸毁,珍珠港的防空彻底瘫痪。日本战机编队随后发出了袭击成功的信号:虎!虎!虎!随后,日本航空母舰上的鱼雷机、水平轰炸机

---

① 施征:《偷袭珍珠港》(下),《海洋世界》2005 年第 2 期。

接连出击，这一波攻势一直持续到8时40分。几分钟后，日军第二波攻击飞行编队的168架飞机又开始了新一轮的轰炸。与此同时，已经潜入港内的袖珍潜艇也封锁了港口，配合飞机编队的进攻。

受攻击后的机场与仓库

图片来源：U.S. National Archives and Records Administration

美军“亚利桑那号”战斗舰中弹燃烧

图片来源：U.S. National Archives and Records Administration

珍珠港事件日美军双方伤亡统计表

	人员损失	飞机损失	海军舰船损失
美军	阵亡士兵:2335 人 阵亡平民:68 人 总计:2403 人 负伤士兵:1143 人 负伤平民:35 人	希凯姆机场:18 架 惠勒和贝洛斯机场:56 架 伊瓦海军陆战队机场:33 架 福特岛海军航空兵机场:26 架 “企业号”航空母舰:10 架	战列舰:8 艘 巡洋舰:3 艘 驱逐舰:3 艘 其他:5 艘
	总计:1178 人	总计:143 架	总计:19 艘
日军	阵亡:64 人	战斗机:9 架 鱼雷/水平攻击机:5 架 俯冲轰炸机:15 架	特种潜艇:5 艘
	总计:64 人	总计:29 架	总计:5 艘

参考约翰·科斯特洛:《太平洋战争(1941—1945)》,王伟等译,东方出版社,1985 年。

在偷袭珍珠港的同时,日本还出动海陆空军对东南亚进行突然袭击。至 1942 年 5 月上旬,日军在不到半年的时间里相继占领了泰国、香港、新加坡、关岛等地。至此,日本在二战中的侵略扩张达到了巅峰:侵占总面积共达到 700 万平方千米,人口 5 亿左右。

2.事件影响

日本偷袭珍珠港,宣告了太平洋战争的爆发。1941 年 12 月 8 日,日本天皇正式发布《宣战诏书》,对美、英宣战。12 月 11 日,德、意对美宣战。随后,美、英及其同盟国也相继对日宣战。

偷袭珍珠港的成功使日本暂时取得了在西太平洋上的制海权和制空权,但日本人的突袭在美国国内引发了巨大的震动,举国一致决心反击日本,打赢这场战争。从二战进程的角度来看,珍珠港事件打开了太平洋战场,日本在亚洲战场的力量受到牵制。而实力雄厚的美国直接参战,极大地增强了世界反法西斯力量,也加速了国际反法西斯统一战线的形成,为世界人民取得二战的最终胜利奠定了基础。

【珍珠港事件——事件评价】

1.局内人

富兰克林·罗斯福（Franklin Delano Roosevelt，1882—1945）——第32任美国总统

副总统先生、议长先生、参众两院各位议员：

昨天，1941年12月7日——必须永远记住这个耻辱的日子——美利坚合众国受到了日本帝国海空军突然的蓄意的攻击。美国和日本是和平相处的，根据日本的请求仍在同它的政府和天皇进行会谈，以期维护太平洋地区的和平。实际上，就在日本空军部队已经着手开始轰炸美国瓦湖岛之后的一小时，日本驻美国大使和同僚还向我们的国务卿提交了对美国最近致日方消息的正式答复。虽然复函声称继续现行外交谈判似已无用，但却并未包含有关战争或武装攻击的威胁或暗示。

历史将会做证，由于夏威夷离日本的距离如此之遥，显然表明这次进攻是经过许多天甚至许多星期精心策划的。在调停期间，日本政府蓄意以虚伪的声明和表示继续维持和平的愿望来欺骗美国。

昨天对夏威夷群岛的攻击给美国海陆军部队造成了严重的损害。我遗憾地告诉各位，许多美国人丧失了生命。此外，根据报告，美国船只在旧金山和火奴鲁鲁（檀香山）之间的公海上也遭到了鱼雷袭击。

昨天，日本政府已发动了对马来亚的进攻。

昨晚，日本军队进攻了香港。

昨晚，日本军队进攻了关岛。

昨晚，日本军队进攻了菲律宾群岛。

昨晚，日本人进攻了威克岛。

今晨，日本人进攻了中途岛。

因此，日本在整个太平洋区域采取了突然的攻势。昨天和今天的事实不言自明，美国的人民已经形成了自己的见解，并且非常清楚这关系到我们国家的安全和生存的本身。作为陆、海军总司令，我已指示，为了我们的防务采取一切措施。

但是我们整个国家将永远记住这次对我们突袭的性质。无论要用多长时间才能战胜这次有预谋的入侵，美国人民将一定要以自己的正义力量赢得绝对的胜利。

我们现在预言，我们不仅要做出最大的努力来保卫我们自己，我们还将确保这种背信弃义的形式永远不会再次危及我们。我这样说，相信是表达了国会和人民的意志。

敌对行动已经存在，毋庸讳言，我国人民、我国领土和我国利益都处于严重危险之中。

相信我们的武装部队——依靠我国人民的坚定决心——我们将取得必然的胜利——愿上帝帮助我们！

我要求国会宣布：自 1941 年 12 月 7 日星期日，日本发动无端的、卑鄙的进攻时起，美国和日本帝国之间已处于战争状态。

（珍珠港事件发生后罗斯福总统致国会全文）

富兰克林·罗斯福

富兰克林·罗斯福，美国第 32 任总统。他是美国历史上唯一蝉联四届的总统。1929 年资本主义经济危机爆发后，罗斯福临危受命，推出新政力挽狂澜。其后他在二战中带领美国军民抗击法西斯势力，为美国乃至整个资本主义世界的发展做出了巨大贡献。珍珠港事件爆发后，罗斯福于 1941 年 12 月 8 日发表了著名的国耻演说(Infamy Speech)。在这个短短七分钟的演讲中，罗斯福痛斥了日本军队的卑劣行径，并表达了对于美国人民捍卫国家的信心。演说取得了巨大的反响，国会几乎全票通过了美国的宣战计划，美国由此正式加入二战，国耻演说也成为历史上美国总统最著名的演说之一。

2.局外人

(1)约翰·托兰——美国著名作家、历史学家

美国民主制度的一个基本方面是文官的权力凌驾于军方之上,而日本却恰恰相反,不了解政治和外交的军方首脑几乎总是可以在内阁中支配文官,由军方垄断一切早已成为传统。因此统治日本的政策,只是那些具有狭隘尚武精神、言辞动听,其实没有真才实学的海陆军将领们的政策。日本由封建主义变成帝国主义的速度之快,使它只想学西方方法而不想学西方价值观,来不及或者无意去发展自由主义和人道主义。日本军国主义者将日本人民当作战争机器,对他们进行十分残酷的军事训练,而且不对伤员实行人道主义救助,战败当俘虏被视为奇耻大辱,是不能允许的,军人只能以自杀的方式报效天皇。[①]

(2)邓蜀生——史学家、抗日战争战地记者

罗斯福担任总统时期,特别是珍珠港事件前一年多的时间里美日关系呈现十分复杂的局面,对于这种关系中的若干现象,各界一直存在多种认识:一种意见认为,由于美国对日本长期执行绥靖政策,纵容了日本的侵略,因此鼓励了日本的军国主义冒险,引出了珍珠港之变;一种意见则认为罗斯福对日本步步相逼,经济压力、武力威胁、援助中国,三管齐下,使日本不得不背水一战。珍珠港之变是罗斯福逼出来的。从根本意义上来说,美日两国在太平洋上的矛盾从1931年到1941年是日益发展的,兵戎相见,并非意外。双方八个月近五十次的谈判,如果不说它是一场骗局的话,恐怕可以用“云谲波诡,钩心斗角;方枘圆凿,格格不入”这十六个字来概括。珍珠港被袭,美国疏于防范,这不

---

① 转引自黄敏兰:《日本为什么悍然突袭珍珠港?》,《中国图书评论》2009年第5期。

是罗斯福执行绥靖政策的结果，而是战术上的失误，是由于对侵略一方疯狂性、冒险性的估计不足，导致对日本进攻方向做出了错误的判断。[①]

思考题

1.《赫尔备忘录》对于太平洋战争的爆发起了怎样的作用？

2.如何评价太平洋战场在二战中的地位？

延伸影片

1.《太平洋战争》(美国/2010)

2.《中途岛战役》(美国/1976)

延伸阅读

1.董旻杰：《太平洋战争：美日对决》，武汉大学出版社，2008 年。

2.[英]道格拉斯·福特：《太平洋战争》，刘建波译，北京联合出版公司，2014 年。

---

① 邓蜀生：《罗斯福与珍珠港事件》，《复旦大学学报》1982 年第 1 期。

》 | 兵临城下

时代背景 1942—1943 年

地域背景 苏联

电影制作 美国 / 德国 / 英国 / 爱尔兰 / 2001 年 /131 分钟

电影导演 让 · 雅克 · 阿诺

电影编剧 让 · 雅克 · 阿诺

电影主演 裘德 · 洛 / 艾德 · 哈里斯 / 蕾切尔 · 薇兹 / 约瑟夫 · 费因斯 / 鲍勃 · 霍斯金斯 / 朗 · 普尔曼

003《兵临城下》——斯大林格勒战役

【《兵临城下》——影片简介】

将这部《兵临城下》放在《珍珠港》之后是很有意思的事情，因为这也是一部制作于 2001 年的“披着战争外衣的爱情片”，甚至其中的三角恋桥段、主人公结局与《珍珠港》都有相似之处。

电影反映了二战期间苏德战场上苏联神枪手瓦西里的传奇故事。瓦西里在文宣部军官丹尼洛夫的塑造下成为苏联人保家卫国的楷模和精神支柱，然而荣耀背后他们所面临的也包括来自敌人的更加严峻的挑战，以及两人因为爱上同一个女人而产生的矛盾。

这部《兵临城下》还有一个译名——《决战中的较量》。这种较量不仅发生在苏联和德国的两位神枪手之间，也发生在影片中每一个人的心里，尤其是丹尼洛夫——在国家、朋友、爱人之间他该如何选择？

瓦西里是纯粹的，他只是一个善于瞄准的年轻士兵，他想拯救自己的同胞，也想过为爱人而离开前线。他从死神手中拯救过战友，也在与德国神枪手的对决中失去过战友。当他身处在国民英雄这样一个位置上的时候，他不得不面临各种各样的抉择。

丹尼洛夫一手塑造了瓦西里的传奇，激励了苏军士气，却也不得不面对心爱之人被夺走的事实。他因为嫉恨而犯过错误，最终又用自己的生命完成了救赎。这种有血有肉的角色塑造使得影片更具真实感，也更容易引起人们的共鸣。

另外值得一提的是，影片从西方的叙述视角描述了一场发生在苏联领土上的战役。与一般的史诗战争电影不同，它更多地从人性的角度讨论了战争对于个体和国家的意义，从这个视角进一步突出了二战的正义性。影片对于“守卫领袖斯大林”以及“战场上后退者死”等情境的描述足以引起人们对于战争的反思。并且，影片对于斯大林格勒战役的描绘也不像苏联影片表现得那样残酷。当然，这样的视角使得人性的表现更加淋漓尽致。

【斯大林格勒战役——事件概览】

1.战役背景

二战爆发后，德军在西欧连战连捷，开始将目光投向苏联。1941年6月22日，纳粹德国实施“巴巴罗萨计划”，单方面撕毁《苏德互不侵犯条约》，突然入侵苏联，并通过闪电战快速占领苏联大片领土，苏德战争爆发。面对德国猛烈的攻势，尚未做好作战准备的苏联军队节节败退。直到1941年12月，苏联红军才在莫斯科保卫战中获得了首次胜利，而德军在莫斯科战役中的失败使其被迫转为全面进攻。

在德军层层推进的同时，世界局势发生了重要的变化。美国从自身利益出发，面对世界局势，逐渐改变“中立”态度，开始加强对英国等国家的援助。1941年8月，罗斯福、丘吉尔发表《大西洋宪章》，并对苏

《大西洋宪章》

《大西洋宪章》又被称为《罗斯福丘吉尔联合宣言》，是1941年由美国总统罗斯福与英国首相丘吉尔共同签署的联合宣言，其内容为：两国不追求领土或其他方面的扩张；不承认法西斯国家的侵略所造成的领土变更；尊重各民族自由选择其政府形式的权利，恢复被剥夺权利的国家；努力促使一切国家取得世界贸易和原料的平等待遇；促成一切国家在经济方面最全面的合作；彻底摧毁纳粹暴政后确立和平，以使各国人民都能在其疆土之内安居乐业，使全体人

类共同自由生活，无所恐惧，不虞匮乏；公海航行自由；放弃使用武力，在永久的普遍安全制度建立之前，解除侵略国家武装，以减轻爱好和平人民对军备的沉重负担等。《大西洋宪章》的签署促进了世界反法西斯同盟的形成，同时也成为联合国宪章的基础。

（参见黄日涵、姚玉斐：《国际关系实用手册》，天津：天津人民出版社 2013 年版，第 63 页。）

联提供援助。1942 年 1 月 1 日，26 个国家代表签署《联合国家宣言》，世界反法西斯同盟形成。1942 年 5 月，英国与苏联签订《苏英同盟合作互助条约》；6 月 11 日，美苏签订了《关于在反侵略战争中相互援助做适应的原则的规定》，即《美苏互助协定》。

在此背景下，德军加紧了对苏联的进攻，并根据希特勒发布的第 41 号作战命令，采取了“先攻占斯大林格勒，后南下夺取高加索油田”的作战计划。1942 年 5 月，德军在哈尔科夫战役中挫败苏联红军的进攻。7 月中旬，德军 B 集团军前进到顿河大弯曲部，逼近斯大林格勒。对于苏德双方而言，斯大林格勒都具有十分重要的战略价值，倘若苏军失守，则莫斯科岌岌可危。同时，随着世界反法西斯同盟的建立，斯大林格勒成了双方对抗的一线战场，战役的成败将产生全球战局层面的重要意义。为此，德苏双方都不敢掉以轻心。

斯大林格勒

斯大林格勒是现俄罗斯伏尔加格勒市的旧称，城市始建于 1589 年，于 1925 年更名为斯大林格勒。位于俄罗斯伏尔加河下游的斯大林格勒在二战时期对苏联尤为重要，它是连接苏联中央地区与南方经济区域的要道，具有重要的战略地位。若德军攻占斯大林格勒和高加索，德军向北可长驱直入进攻莫斯科，向南可出波斯湾。

1942 年上半年，德国根据战争需要改组了经济结构，扩大军工生产。与此同时，德国在欧洲大肆掠夺被占领国和其仆从国的资源。这些国家在当年为德国征收的各种武器、弹药、汽车和船只价值超过 40 亿马克,约占德国全部军工生产的 25%,而从欧洲被占领国运往德国的粮食、原材料、半成品和成品价值也达到 40.7 亿马克。兵力部署上,德国也不遗余力。据德国最高统帅部统计,整个夏季攻势中仆从国将为德国提供 52 个师的兵力, 其中 41 个师用于德国重点进攻的南部战线。经过半年的紧张准备,德国不仅在武器装备方面得到补充,而且还增加了军队的战斗编制。据统计,德军投入斯大林格勒战役的主力第 6 集团军共有 27 万人,火炮和迫击炮约 3000 门、坦克约 500 辆,并且有第 4 航空队的 1200 架飞机支援。①

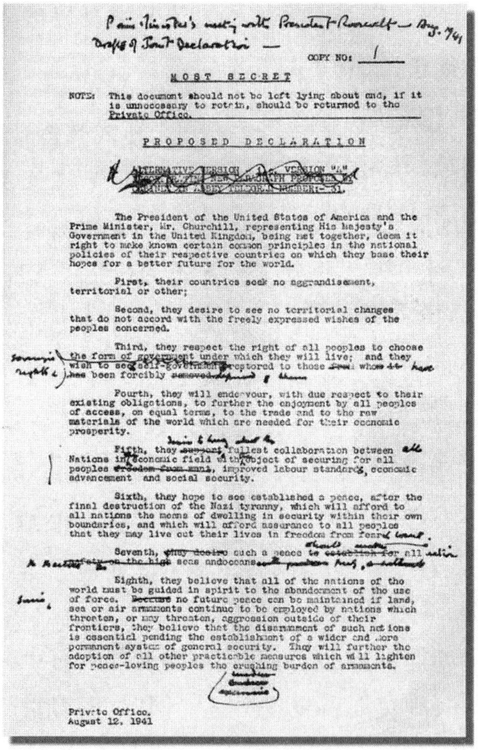

COPY NO: 1

MOST SECRET

NOTE: This document should not be left lying about and, if it is unnecessary to retain, should be returned to the Private Office.

PROPOSED DECLARATION

The President of the United States of America and the Prime Minister, Mr. Churchill, representing His Majesty's Government in the United Kingdom, being met together, deem it right to make known certain common principles in the national policies of their respective countries on which they base their hopes for a better future for the world.

First, their countries seek no aggrandisement, territorial or other;

Second, they desire to see no territorial changes that do not accord with the freely expressed wishes of the peoples concerned.

Third, they respect the right of all peoples to choose the form of government under which they will live; and they wish to see self-government restored to those from whom it has been forcibly removed.

Fourth, they will endeavour, with due respect to their existing obligations, to further the enjoyment by all peoples of access, on equal terms, to the trade and to the raw materials of the world which are needed for their economic prosperity.

Fifth, they support fullest collaboration between Nations in economic field with object of securing for all peoples freedom from want, improved labour standards, economic advancement and social security.

Sixth, they hope to see established a peace, after the final destruction of the Nazi tyranny, which will afford to all nations the means of dwelling in security within their own boundaries, and which will afford assurance to all peoples that they may live out their lives in freedom from fear.

Seventh, they desire such a peace to establish for all safety on the high seas and oceans.

Eighth, they believe that all of the nations of the world must be guided in spirit to the abandonment of the use of force. Because no future peace can be maintained if land, sea or air armaments continue to be employed by nations which threaten, or may threaten, aggression outside of their frontiers, they believe that the disarmament of such nations is essential pending the establishment of a wider and more permanent system of general security. They will further the adoption of all other practicable measures which will lighten for peace-loving peoples the crushing burden of armaments.

Private Office.
August 12, 1941

英国首相丘吉尔修改后的《大西洋宪章》最后版本

图片来源:维基百科

---

① 文亭:《斯大林格勒战役　陆上霸主终易手》,《文史参考》2012 年第 19 期。

苏联方面,斯大林面对德军的进攻决心进行积极的战略防御。为此,苏联立足于进行长期战争的准备,采取了重建军事经济和推动建立战略预备队等重要措施。一方面,苏联将西部主要工业迁移至东部地区,在乌拉尔东部地区建立重要的军事工业基地。同时苏军战备大量生产,仅东部地区1942年3月生产的武器就达到了战前同期全国武器生产的数量。另一方面,苏联也积极组织和扩大战略预备队,各兵种都得到了极大的扩充,坦克、大炮、迫击炮、飞机、战舰等武器数量都得到了增加。另外,英美也向苏联提供了大量的战略原料援助,为苏联恢复和扩大军工生产提供了一定程度的保障。然而面对来势汹汹的德军,苏联方面的军力看起来并不充足。铁木辛哥元帅手中所掌握的兵力只有16万人、火炮和迫击炮2200门、坦克约400辆、飞机454架。

2.战役过程

斯大林格勒战役从1942年7月17日开始,1943年2月2日结束,总共历时200天,依照战争态势大致可分为三个阶段。[①]

(1)第一阶段:德攻苏守的城郊攻防战阶段

1942年7月17日,德军向苏军前沿阵地切尔河地区发起猛攻,苏联军队逐渐后撤到了防御地区。7月23日,希特勒发布第45号作战指令, 命令B集团军占领斯大林格勒,A集团军占领高加索。7月28日,斯大林发布第227号《国防人民委员会命令》,要求苏军指战员"不得后退一步"。

8月18日,德军占领顿河西岸,苏军退守顿河东岸。苏军试图利用地理位置优势开展近郊防御战,德国则开始以优势兵力围攻斯大林格勒,并派出空军对城市进行了轰炸。在重压之下,苏联任命朱可夫为

① 闻立欣:《伏尔加卫城记——斯大林格勒战役》,《黄埔》2005年第4期。

最高副统帅，亲赴前线，并动员起数万民兵，共同抵抗德军进攻。然而朱可夫的反击并不见成效。9 月初，德军从西南方向挺进至斯大林格勒 2~10 千米的区域，苏军退守城区。

> **朱可夫**
>
> 格奥尔吉·康斯坦丁诺维奇·朱可夫是苏联著名军事家、战略家，苏联元帅。朱可夫因斯大林格勒一役的卓著战功而第一个被授予一级苏沃洛夫勋章。在这场规模宏大的会战中，朱可夫的统帅才能闻名天下。

(2)第二阶段:德苏僵持的城区争夺战阶段

9 月 13 日，德军第 6 集团军组成两个突击集团，向城市中部发起强大攻势。苏军则以 9 万兵力顽强抵抗，守卫着伏尔加河西岸。

10 月底，德军几乎已经占领了整个斯大林格勒，苏军只剩 4 个区仍在坚守。但是与此同时，德军也损失巨大。其间，德军逐渐调集了 20 万补充部队。11 月 11 日，德军竭力发动最后一次攻击，企图占领全城，但在苏军的顽强抵抗下始终未能实现。[①]

苏德军队在斯大林格勒街巷中短兵相接

图片来源：凤凰网

① 文亭：《斯大林格勒战役，陆上霸主终易手》，《文史参考》2012 年第 19 期。

(3)第三阶段:苏攻德溃的最后阶段

在城区拉锯的同时，苏军已悄悄完成了反攻的部署。1942 年 11 月 19 日,苏军以 100 万兵力、1400 架飞机、13500 门大炮、900 辆坦克的战力发起反攻,迅速突破罗马尼亚军队的防御,粉碎了德军的反扑,并于 23 日攻占了卡拉奇。

11 月 20 日,苏军合围德国第 6 集团军和第 4 坦克集团军的部分兵力,共 22 个师,总计 33 万人。12 月,德军开始后撤。

1943 年 1 月 8 日，苏军发出最后通牒,敦促德军投降,德军统帅保卢斯向希特勒请示遭到驳回。10 日早晨,苏军发动总攻,势如破竹。24 日，苏联再次发出协议要求德军投降,但希特勒再次批示:“不许投降,死守阵地,直至最后一兵一卒一枪一弹。”[1]30 日,德军几乎全军覆没,保卢斯最终违背希特勒的命令投降，近万名德军士兵被俘。2 月 3 日,德国发布了斯大林格勒战役战败的公报。

弗里德里希·保卢斯

弗里德里希·威廉·恩斯特·保卢斯，二战时期德国国防军副总参谋长。1941 年 12 月，他被委任为第 6 集团军指挥官一职。在斯大林格勒战役这段时间内,希特勒过度分散兵力与保卢斯个人的战术失误共同导致了第 6 集团军深陷被围的境地,死守斯大林格勒的命令也让苏联方面没有退路。这种不计成本的死守确实抵挡住了德军的突击和进攻。当保卢斯感到无力回天之时,违背了希特勒不可投降的命令率领第 6 集团军的残部向苏联第 64 集团军第 38 步兵旅投降，然而更具有讽刺意味的是,刚巧前一天希特勒晋升保卢斯为元帅军衔。1945 年盟军胜利后,保卢斯以战俘的身份被送往盟国军事法庭受审。

① [美]威廉·夏伊勒:《第三帝国兴亡——纳粹德国史(四)》,董乐山等译,生活·读书·新知三联书店,1974 年,第 1277 页。

斯大林格勒战役胜利后苏联红军士兵挥舞红旗

图片来源:德国联邦档案馆

3.战役影响

斯大林格勒战役的胜利是苏联卫国战争的根本转折点,德军损失惨重,再也无力发动战略攻势,苏军则由战略防御转入了战略反攻,掌握了战争主动权。双方力量对比发生了转变,整个苏德战场的战略态势发生了根本性的变化,可以说苏军在斯大林格勒的胜利为之后苏军的最终解放国土奠定了基础。

对于世界而言,斯大林格勒战役的胜利是二战的转折点。它与盟军在太平洋战场和北非战场的胜利一起构成了对轴心国的压倒性胜利,迫使轴心国集团转入战略防御,加速了二战的进程,为最终击败德意日法西斯创造了条件。

斯大林格勒战役的胜利提高了苏联的国际威望,进一步巩固和扩大了世界反法西斯统一战线。[①]在战争结束后的一年内,苏联与澳大利亚、加拿大等八个国家建立或恢复了外交关系,与荷兰、希腊等国升级了外交使团等级,苏联与美英的同盟关系也进一步得到了巩固和加强。斯大林格勒战役的胜利极大地振奋了世界各国人民反法西斯斗争

① 黄日涵、姚玉斐:《国际关系实用手册》,天津人民出版社,2013年,第66页。

的士气，把世界反法西斯战争推向了新的阶段。德国的失败则加剧了统治集团内部的矛盾和危机，德军士气一落千丈，国内反对势力也逐渐成长起来。同时，德国逐步失去了在法西斯国家内部的威信，地位受到严重威胁。在此之后，德国的一些随从国家开始分裂和叛逃，德意之间的亲密关系也受到了影响，法西斯阵营开始崩塌。

【斯大林格勒战役——事件的评价】

1.局内人

(1)约瑟夫·斯大林(Joseph Vissarionovich Stalin，1878—1953)——1922 年至 1953 年任苏联共产党中央委员会总书记

斯大林格勒战役是德国法西斯军队开始没落的起点。[①]所有这一切，从根本上震撼了希特勒的军事机器，改变了世界大战的进程，并创造了战胜希特勒德国的必要前提。[②]斯大林格勒附近会战的结果，包围了 30 万德军，将其全部粉碎，并俘虏了将近三分之一的被围敌军……斯大林格勒是德国法西斯军队覆灭的起点。大家知道，德国人在斯大林格勒大激战之后，已经不能恢复自己的元气了。[③]

(2)富兰克林·罗斯福

罗斯福在斯大林格勒战役胜利后向斯大林发来贺电：“您统率下的军队在斯大林格勒取得了辉煌的胜利，作为美利坚合众国武装部队

---

① 知识出版社编：《反法西斯战争文献》，世界知识出版社，1955 年，第 147 页。
② 中央编译局：《斯大林文选》(1934—1952)，人民出版社，1962 年，第 341 页。
③ 同上，第 360 页。

的统帅,我谨向您祝贺。为保卫这座已使大名永垂不朽的城市而进行的160天史诗般的战役,以及全体美国人都在为之庆祝的决定性胜利,在这场各国人民团结起来反对纳粹及其同伙的战争中,将永远保持为最光辉篇章之一。你们在前线作战的部队指挥官和战士,以及在工厂和田野支援他们的男男女女,通过共同努力,不仅增添了自己祖国部队的荣誉,而且以自己的榜样激发了一切联合国家重新下定决心:竭尽全力彻底打败共同敌人,迫使他们无条件投降。”①

2.局外人

(1)刘苏朝——国际关系学者

斯大林格勒战役的胜利是苏联卫国战争的根本转折点,也是二战发生根本转折的重要标志。斯大林格勒战役的胜利大大提高了苏联的国际威望和地位。德国在斯大林格勒战役的惨败加剧了德国统治集团内部的矛盾和危机,德军从此一蹶不振。②

(2)唐贤兴——复旦大学国际关系与公共事务学院教授

从战争对二战进程的实际影响来看,斯大林格勒战役的确与阿拉曼战役、英美北非登陆战一道,标志着二战出现了伟大的转折。从苏德战场和整个反法西斯战争来说,斯大林格勒战役致命地打击了德军,迫使其转入战略防御,从而扭转了苏德战场的战略态势,改变了反法西斯战争的力量对比。斯大林格勒战役的胜利动摇了法西斯阵营的军心,使得该阵营内部的危机日益深化。斯大林格勒战役的胜利,极大地鼓舞了全世界人民夺取反法西斯战争最后胜利的信心,大大提高了苏联的国际威望,进一步巩固了世界反法西斯大同盟。③

---

① 钟双德:《罗斯福——世界名人非常之路》,蓝天出版社,2011年,第110页。

② 方连庆、王炳元、刘金质:《国际关系史》(现代卷),北京大学出版社,2001年,第447~449页。

③ 唐贤兴:《近现代国际关系史》,复旦大学出版社,2002年,第384页。

(3)徐乐——中国社会科学院外国文学研究所研究员

二战中，正是苏联军民舍生忘死地英勇抗击，阻挡住法西斯军队横扫整个欧洲的滚滚浊流；而斯大林格勒会战又是苏联战场和世界反法西斯战争的转折点，标志着苏联红军进入战略反攻阶段。斯大林格勒会战后，苏军开始大规模切断、包围、俘虏德军，最终将法西斯侵略者赶出国土。

斯大林格勒战役不仅是战争的转折点，而且在苏联人的精神生活和文学创作中打下了鲜明的烙印。用格罗斯曼的话说，斯大林格勒会战推动了苏联人“新的自我意识的产生……民族性从形式转化为内容，成了新的世界观的基础”①。

思考题

1.攻占斯大林格勒对于德军而言有何战略意义？

2.是什么导致了德军在斯大林格勒战役中的失利？

3.斯大林格勒战役对于二战的局势产生了什么影响？

延伸影片

1.《斯大林格勒保卫战》(俄国/2013 年)

2.《斯大林格勒战役》(俄国/1993 年)

延伸阅读

蔡琳杉:《斯大林格勒战役》，西苑出版社，2013 年。

---

① 徐乐:《从俄国文学传统看斯大林格勒战役的意义》，《文学理论与批评》2015 年第 4 期。

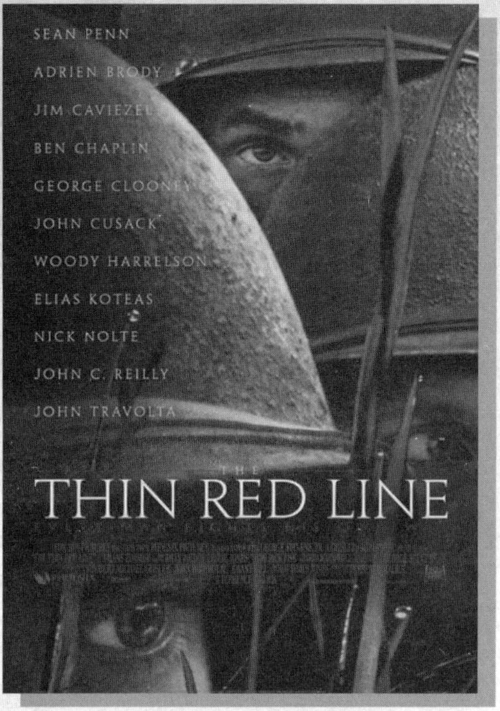

细细的红线

时代背景 1942 年

地域背景 瓜达尔卡纳尔岛

电影制作 美国 / 1999 年 / 170 分钟

电影导演 特伦斯 · 马利克

电影编剧 特伦斯 · 马利克

电影主演 西恩 · 潘 / 伊莱亚斯 · 科泰斯 / 吉姆 · 卡维泽 / 本 · 卓别林 / 尼克 · 诺特

004《细细的红线》——瓜达尔卡纳尔岛战役

【《细细的红线》——影片简介】

《细细的红线》根据美国作家詹姆斯·琼斯的同名小说改编。

1942 年,二战中的南太平洋战场,日美缠斗正酣,而瓜达尔卡纳尔岛之战成为太平洋战争的分水岭。瓜岛隶属所罗门群岛,是澳洲的东北门户,对于战争双方掌控太平洋战场的主导权至关重要。影片所讲述的这场攻坚战,正是瓜岛之战中的关键一役。抢夺被日军控制的 210 阵地的艰巨任务落在了“查理步兵连”的头上。为此,上尉斯塔罗和下达命令的中校塔尔发生了争执。塔尔认为诸位战士应该奋勇向前,将平时训练的技能都展现出来,而斯塔罗则认为在塔尔的勃勃野心驱使下,全连的士兵将走上一条不归之路。可是,斯塔罗最后被解除了职务,众位士兵仍然必须投入这场国家参加的“正义战争”。在长达数月的血腥战役中,步兵连经历了血与火的洗礼,从危机四伏的夜间侦察到艰苦卓绝的野外露宿, 从阵地上遭遇的枪林弹雨到生还后在医院里承受的心灵创痛, 战争中的一切灾难都不可避免地落到他们头上。①

《细细的红线》里每一位士兵都有着截然不同的性格,从导演所描述的美国大兵到几乎没有台词、仅有镜头的在岛上的日本坚守者。但是这些不同的性格能够体现出的共同点是,每一个人都是战争的受害者,是国家机器在追求国际权力下的牺牲品。

① 参考豆瓣网:http://movie.douban.com/subject/1292781/。

瓜达尔卡纳尔岛

瓜达尔卡纳尔岛(Guadalcanal),简称瓜岛,位于西南太平洋,是太平洋西部一系列火山岛屿之一,也是所罗门群岛中最大的一个岛,全岛面积5302平方公里。经济上,瓜岛主要倚赖渔业和农业,1990年起开始有金矿的开采。瓜达尔卡纳尔群岛于1788年被发现,1893年成为英国保护领地,在二战期间曾被日军占领。1942年8月,美军进攻该岛,经过激烈的丛林战之后,日军的补给线被美军切断,大多数日军被饥饿折磨致死,逃出的日军称瓜岛为饿岛。盟军于1943年2月占领该岛。

影片从一开始就给人一种压抑的气氛,因为本片的主题——战争是邪恶的,战争导致死亡,目的却是权力。“在权力之下的普通士兵并不理解战争的本质,他们服从于权力的安排,也最终为权力牺牲在战场。”少将命令上校指挥好战斗,因为他还要向上将汇报;上校则责成上尉完成任务,上尉就指派排长和班长。对战争和死亡的恐惧是本片的主题,这种恐惧不仅美国人有,一个个失心疯的日本人也是如此。对战争的厌恶导致人们对世外桃源的向往,而这个世外桃源在本片中就是一个在间歇中被导演插入片段的太平洋原始部落。与他们的生活相对比,我们开始反思:战争的本质是杀戮吗?战争的意义是正义与邪恶吗?生命躯体的归宿是自然的话,我们精神的归宿又在哪里?

从本质上讲,《细细的红线》是一部反战电影,它有别于我们看过的一般战争片。导演在叙事上的独创性毋庸置疑,它颠覆了好莱坞的经典叙事,以一种貌似松散、混乱的叙事来完成导演特伦斯·马利克对人物心理现实的描绘以及作者本身带有形而上意味的哲理反思。“你们是谁,生活在制服里的人?”这句贯穿始终的内心对白使得每个看完本片的观众都会情不自禁地陷入深深的思考中。

【瓜达尔卡纳尔岛战役——事件概览】

1.战役背景

瓜达尔卡纳尔岛战役发生于太平洋战争期间。从日本方面看,由于1942年6月中途岛海战的惨败,日军失去了战争初期在太平洋上的制海权和制空权,也失去了战略主动,被迫停止了战略进攻。但日军并未意识到美日实力差距的变化,仍决定继续实施对南太平洋诸岛的进攻。为此,日军计划先在瓜岛修建航空基地,以航空兵力掩护对新几内亚岛的莫尔兹比港的进攻,再以新几内亚岛站为据点,向东南逐步推进,进逼澳大利亚,冲击同盟国在南太平洋上的这一重要基地。

美军在中途岛海战之后获得了调整的机会,但南太平洋的局势仍不

中途岛海战

中途岛海战发生于1942年6月4日至7日,即珍珠港事件之后的四个月。日军试图通过大规模的攻击消除美军在太平洋的制约态势,从而得以将更多的力量放到“大东亚共荣圈”。然而事与愿违,美军在尼米兹将军的指挥下大破日军。日本在这次战役中损失了4艘航空母舰和300余架飞机,从此在航母实力对比上落后于美国,丧失了在太平洋战场的战略主动权。

拉包尔

拉包尔位于新不列颠岛,是巴布亚新几内亚的一个城市,始建于1883年。二战的太平洋战争中,拉包尔成为日军的攻击对象,并在1942年1月底被日军占领,成为日军西南太平洋的主要前进基地。在瓜达尔卡纳尔战役之后,拉包尔遭到围困,基地已无用。但日本人还是一直占领着拉包尔直到1945年8月战争结束方才投降。

尼米兹

切斯特·威廉·尼米兹(Chester William Nimitz,1885 年 2 月 24 日—1966 年 2 月 20 日)是一位美国海军将领,美国五星上将之一。尼米兹早期以研究潜艇为主,而后成为美军中柴油引擎技术的专家。太平洋战争爆发后,尼米兹担任了美国太平洋舰队总司令、太平洋战区盟军总司令等职务,指导对日作战。战后,尼米兹担任海军作战部长,直至 1947 年退役。

参谋长联席会议

参谋长联席会议 (Joint Chiefs of Staff)的渊源可追溯到 1899 年的美西战争,美国虽然战胜了西班牙,但美军内部,特别是海陆军之间缺乏协调、统一,导致两军各自为战。20 世纪,美军进行了两次联合作战指挥体系的实践,第一次便是成立陆海军联席会议,这个性质为咨询机构的委员会事实上发挥的作用微乎其微。珍珠港事件之后,美国作为同盟国参与战争,而陆海军联席会议并未使美军内部的协同作战局面有所改观。为了协调统一英美两国军队,英美两国便创立了英美联合参谋会议,负

明朗。时任太平洋舰队总司令的尼米兹认为,在日军主力撤至南太平洋之后,图拉吉岛和瓜岛将成为日美双方下一步争夺的重点。瓜岛位于所罗门群岛的南端,面积 2500 平方英里(约 6475 平方千米),北距日军主要基地拉包尔 550 英里(约 885 千米)。因此,图拉吉岛和瓜岛若被日军掌控,将严重威胁美澳交通线和日后盟军反攻基地澳大利亚的安全。尽管在具体战略上与麦克阿瑟等人存在分歧,但美军最终还是制定了尼米兹主导的战略规划:先进攻圣克鲁斯群岛和图拉吉岛,站稳脚跟后由所罗门群岛北上,从而对拉包尔实施夹击。这一代号为“瞭望台”的作战方案于 1942 年 4 月 1 日在参谋长联席会议上正式通过。[①]然

① [美]乔西夫·米兹,《尼米兹》,高润浩译,京华出版社,2004 年,第 244 页。

而就在美方着手备战之时，日军抢先一步，于6月底向瓜达尔卡纳尔岛派出了2700人的施工部队，修建机场和基地。这一动作得到了美军的重视，尼米兹决定立即更改作战目标，争取在8月初，即日军机场竣工以前攻下瓜岛。

责指挥两国军队协同作战；与此同时，美军内部也创立了参谋长联席会议，该机构战时重点指挥美军作战，协调陆、海军之间的军事行动，为总统提供军事咨询。二战结束后，经过军界与政界的讨论，参谋长联席会议在《国家安全法》中被保留下来，其性质和职责是总统、国防部长、国家安全委员会的军事咨询顾问，并成为美国永久性法定机构。

2.战役过程

1942年8月7日清晨，美国海军陆战队16000人登上瓜岛，机场附近的两千多日军工程兵被打了个措手不及，美军很快占领机场。[①]同时，美军第8舰队和第11舰队也开始向附近集结，并很快占领了图拉吉岛。日方在得知两岛失守后反应强烈，迅速开始向瓜岛调集军队，瓜岛大战的序幕就此拉开。

8月8日深夜，第一次所罗门海战爆发，日本第8舰队奉命对美澳舰队进行了夜袭，击沉美澳重巡洋舰4艘。尽管如此，日军的这一次胜利并未对美澳舰队造成严重的打击，因为美澳的运输船队仍然毫发无伤。

8月18日至20日，日军先后派遣多支先遣部队登陆瓜岛试图夺回机场，但遭到美军的迎头痛击。海上的情况对于日军而言则稍显乐观，在8月24日的第二次所罗门海战中，日美航母舰队正面冲突，各自损失一艘航母。

① [日]伊藤正德，《联合舰队的覆灭》，刘宏多译，海洋出版社，1991年，第91页。

1942年7月日本人和征募的

韩国工人正在建造日军位于瓜达尔卡纳尔岛连结点的机场

图片来源：维基百科

9月13—14日夜，4000名日军向瓜岛美军发动了第二次大规模进攻，但再一次遭遇惨败。此后，日军大本营第1和第36师团相继投入瓜岛战斗，使瓜岛日军总兵力达到20000余人。10月24日，在海军掩护下，瓜岛日军发动总攻，仍然以失败告终，伤亡达到2200余人。[①]

与此同时，海上的战斗也在如火如荼地进行着。日美双方进行了圣克鲁斯海战、第三次所罗门海战等大小海面战斗逾百次，互有胜负。但在经历了巨大的消耗之后，日本海军逐渐感到有心无力。尤其是在11月14日的进攻之后，日本损失了数艘重巡洋舰，仅存的航母也丧失了机动能力。至此，日本能在南太平洋执行任务的空军所剩无几，海军也不得不返航修整。这对于尚在瓜岛的日本陆军而言无疑是个坏消息，美国对制海权和制空权的把控严重阻碍了日军的增援。由于给养缺乏，残留在岛上的15000名日军官兵只好靠树叶、草根等充饥，加之岛上疟疾、赤痢流行，大批士兵饿死、病死。[②]1942年年底至1943年初，瓜岛10000多名日军最终得以分三批撤出，其中大多数已经丧失战斗力。

---

① 日本历史学研究会：《太平洋战争史·第三卷》，商务印书馆，1962年，第179页。

② [日]伊藤正德著，《联合舰队的覆灭》，刘宏多译，海洋出版社，1991年，第102页。

从1942年8月7日至1943年2月7日，在持续半年之久的瓜岛争夺战中，日本海陆空三军死亡近3万人，损失各种舰艇38余艘，飞机600多架；美军共投入70000人，死亡2000余人，损失航空母舰2艘、重巡洋舰6艘、轻巡洋舰16艘。[①]由于日军在这次战役中陆续投入并损失了它可能调动的所有海、空军力量，日美在西南太平洋方面的力量对比发生了逆转，日本被迫由攻势转为守势，而美军则由守势转为攻势。

3.战役影响

历时半年的瓜岛争夺战使日本陆军遭受了太平洋战争中的第一次惨败，日本海军也损失过半，太平洋战争的形势至此彻底扭转。美军掌握了制空权和制海权，为岛屿争夺战取胜准备了条件。此后的一年时间内，美日展开了逐岛争夺战。到1943年年底，日本全面溃退，美国牢牢掌握了战略优势。美军日益逼近日本本土，日本败局已定。

【瓜达尔卡纳尔岛战役——事件评价】

1.局内人

(1)富兰克林·罗斯福

瓜岛一役打断了日本的脊梁骨。[②]

---

① Frank, Richard, *Guadalcanal: The Definitive Account of the Landmark Battle*, Random House, 1990, pp.598–618.

② 刘德斌：《国际关系史》，高等教育出版社，2012年，第321页。

(2)河边虎四郎(Kanabe Hushiro,1890—1960)——时任日本前陆军中将、第二航空军司令官

至于转折点(战争),当积极行动停止,甚至变成被动时,我觉得,就是在瓜达尔卡纳尔岛。①

(3)服部卓四郎(Hattori Takushiro,1901—1960)——时任日本参谋本部作战科长

事实上瓜岛作战是陆海军协同作战的一次大败北。考虑到优秀的基地航空部队所受的巨大损失时,可以看出,海军战斗力的对美比例已经显著地降低了。②

服部卓四郎

服部卓四郎,日本极右翼分子、日本陆军大佐,两次出任参谋本部作战科长。1953年,他完成了关于日本战争史的经典巨著《大东亚战争全史》。在这部150万字的书里,史料倒是很翔实,但立场、观点有严重的问题。其对于南京大屠杀只字未提,并将侵华战争叫作"中国事变",称太平洋战争完全是美国的责任。

2.局外人

(1)胡德坤——原武汉大学副校长、教授、博士生导师

在苏德战场,苏军取得了斯大林格勒战役的伟大胜利;在北非地中海战场,英军取得了阿拉曼战役的胜利;在太平洋战场,美国取得了

① See Zimmerman, John L.,The Guadalcanal Campaign. Marines in World War II Historical Monograph,1949. 网址:http://www.ibiblio.org/hyperwar/USMC/USMC-M-Guadalcanal.html,最后访问:2016年12月12日。

② [日]服部卓四郎:《大东亚战争全史》,张玉祥等译,商务印书馆,1987年,第684页。

瓜达尔卡纳尔岛战役的胜利。反法西斯盟国的这一连串胜利,结束了法西斯轴心国的战略攻势,开始了盟国的战略反攻时期。①

(2)刘世龙——中国社会科学院日本研究所研究员

1942年下半年,日军的进攻已呈强弩之末。8月7日美军进攻瓜达尔卡纳尔岛标志着美国在太平洋战争中初步进入局部反攻阶段。瓜岛战役是日本军国主义走向灭亡的转折点。日本在这次与美国的国力较量中不得不认输。②

思考题

1.日军在瓜岛战役中的失败由哪些因素造成?

2.参谋长联席会议在美军的瓜岛战役战略部署中起到了怎样的作用?

3.瓜岛战役在太平洋战争中具有怎样的地位?

延伸影片

《太平洋战争》(美国/2010年)

延伸阅读

陈培军:《瓜岛战役:可怕的消耗战》,武汉大学出版社,2013年。

延伸游戏

《使命召唤5》

---

① 胡德坤:《中日战争史:1931—1945》,武汉大学出版社,1988年,第463页。

② 刘世龙:《日本军国主义与太平洋战争》,《日本学刊》2005年第4期。

血战阿拉曼

时代背景 1942 年

地域背景 埃及 阿拉曼

电影制作 意大利 / 2002 年 / 117 分钟

电影导演 恩佐 · 蒙特莱奥勒

电影编剧 恩佐 · 蒙特莱奥勒

电影主演 保罗 · 布里古力亚 / 皮尔佛朗西斯科 · 法维诺

005《血战阿拉曼》——阿拉曼战役

【《血战阿拉曼》——影片简介】

阿拉曼战役是一场举世闻名的坦克大战，但观众若是以捧着爆米花等着大场面的心态来看这部电影，恐怕就要失望了。在电影中，我们看不到1000辆坦克和几十万军队厮杀的磅礴场面，也看不到隆美尔和蒙哥马利的纵横捭阖，而手里的爆米花恐怕也会有些难以下咽——因为片中那无边无际的黄沙着实令人感到干渴。

当然，这部“名不副实”的《血战阿拉曼》并不是一部烂片，该影片以一名普通意大利士兵——塞拉的视角，通过对士兵生活和心理的独到刻画反映了战场上珍贵的人性光辉。

影片开始，我们看到的是一位满怀爱国热情并渴望证明自己的大学生志愿兵塞拉。在加入驻扎在埃及的北非意军后，塞拉被分配到里佐中士的小队，在英军日复一日的炮轰中与战友一道坚守着茫茫大漠里的意军防线。在起初的新鲜感消退后，塞拉逐渐意识到，这不仅仅是一场战争，同时也是一场生存竞争——他们不仅要面对伤亡、肉搏、无休止的杀戮，还面临着物资的严重匮乏，饱受着疾病和干渴的折磨。他们就像一堆无人知晓的、被掩埋在黄沙下的石头，当战事完结，没有人会记得他们。[①]

电影用大量的笔墨描绘了士兵们无望的生活，在战争与战争的缝隙中陪伴他们的只有沙丘围起的幕墙和白得刺眼的太阳。唯一出现的

---

① 参见豆瓣网：http://movie.douban.com/subject/1949812/。

色彩是几个士兵偷偷到几十里外的海边去洗澡,他们大叫着向着海洋奔跑,蔚蓝的大海好像给他们注入了新的生命。而远处的铁丝网却给这份喜悦蒙上了悲伤:这里是战场,也许脚下就是一颗杀伤力巨大的地雷。

最后遵照着历史的进程,他们战败了,在没有补给、没有援军,甚至没有外界消息的情况下败了。士兵们的眼中是不断交替的黑夜与黄沙,也许他们早已忘了当初自己为何选择踏上这片土地,对于他们来说,对于观众来说,谁是正义之师谁又是独裁者的爪牙都没有了意义。影片最后,残存的士兵们在黄沙中辗转寻找着生的希望,却带给人无尽的绝望。

杀戮、友谊、信仰、背叛……当这些情感与诉求都被漫漫黄沙掩盖,留下的只是人们对战争的思考和对和平的渴望。这也正是影片敲响的警钟,为什么人类总是要经历过血的教训才能理解生的可贵与美好?

【阿拉曼战役——事件概览】

1.战争背景

北非具有重要的战略地位,谁控制了北非、苏伊士运河和直布罗陀海峡,谁就掌握了地中海这条重要的海上航运线。因此,二战爆发后,同盟国与轴心国在北非地区展开了激烈的争夺。1940年法国战败后,英国退守英伦三岛,其在北非的殖

> **苏伊士运河和直布罗陀海峡**
>
> 苏伊士运河1869年修筑通航,是一条海平面的水道,在埃及贯通苏伊士地峡,连接地中海与红海,提供从欧洲至印度洋和西太平洋附近土地的最近的航线,是世界使用最频繁的航线之一,也是亚洲与非洲的交界线。运河北起塞得港南至苏伊士城,长190千米(105海里),在塞得港北面掘道入地中海至苏伊士的南面。

民势力被严重削弱。意大利独裁者墨索里尼试图趁此机会完全驱逐英国人在北非和地中海的势力，实现其建立非洲帝国的梦想。于是意大利开始以现有殖民地利比亚为基地，与轴心国合作，开始了一系列的战争行径。

> 直布罗陀海峡是沟通地中海与大西洋的海峡，位于西班牙最南部和非洲西北部之间，长 58 千米；最窄处在西班牙的马罗基角和摩洛哥的西雷斯角之间，宽仅 13 千米。

自 1940 年 9 月开始，意大利和英国在利比亚、埃及等地展开了较量。1941 年年初，英军在占领重要港口班加西后连续向西推进 700 千米，在此危急形势下德国也加入到英意战争中。此后，英国方面向希腊分派兵力而导致昔兰尼加一役败北，德国方面由于苏德战场的紧张局势无暇顾及北非，于是，双方都在遭受到阶段性失败后重新重视起北非战场的兵力布置。

墨索里尼

贝尼托·墨索里尼(1883 年 7 月 29 日—1945 年 4 月 28 日)，意大利法西斯党魁、独裁者、二战的元凶之一，法西斯主义的创始人。墨索里尼自 1922 年开始连续 21 年居意大利首相之位，在其上任的第四年即宣布国家法西斯党为意大利唯一合法政党，建立起法西斯主义独裁统治。1939 年，墨索里尼与希特勒签订《钢铁条约》，建立起意大利与德国的军事联盟关系。意大利于 1940 年 6 月 10 日正式加入轴心国进入二战。1943 年，意大利国王埃曼努尔三世令墨索里尼辞职，并将其关押在蓬察岛。被希特勒救出后，墨索里尼在意大利北部建立法西斯傀儡政权——意大利社会共和国。1945 年 4 月 27 日，墨索里尼在逃亡途中被游击队发现、俘虏。次日，墨索里尼和他的情人克拉拉·贝塔西在科莫省梅泽格拉被枪决，后运往米兰倒吊在洛雷托广场的一个加油站顶上示众。

1941年伊始,德意在北非投入了大量武装力量。希特勒通知墨索里尼:“我们现在可以向埃及进攻了”,墨索里尼也认为“征服埃及的历史性时刻已经来到”。[①]随后,德意军队在北非战场连连告捷,直至5月下旬,两军在贾扎拉防线一带形成了相持之势。1942年5—6月间,德军在被称为“沙漠之狐”的青年将军隆美尔的指挥下大败英军,攻克了被称为“不屈要塞”的重要物资供应基地托卜鲁克,英军被迫撤至阿拉曼以南防线。此地离亚历山大港仅100千米,苏伊士运河受到严重威胁,英军陷入了退无可退的境地——如果不能坚守这最后一道防线,那么盟军在北非和地中海地区将彻底失败。经过整整一个月的鏖战,英军终

隆美尔

埃尔温·隆美尔(1891年11月15日—1944年10月14日),德国著名将领。隆美尔1910年从军,一战时随部队开赴法国,后又在东线与罗马尼亚人和意大利人作战,先后获得德皇威廉二世授予的二级铁十字勋章、一级铁十字勋章、功勋奖章。1936年9月,隆美尔任希特勒警卫部队指挥官,得到希特勒赏识。不出两年,隆美尔升任元首大本营司令官,并获少将军衔。1941年1月,希特勒任命隆美尔为德国非洲军军长,授予中将军衔。隆美尔仅用两个月便扭转了北非战局,擢升上将,并获得了“沙漠之狐”的美誉。1942年6月,隆美尔被擢升为德国陆军元帅。1944年10月14日,隆美尔因卷入密谋推翻希特勒的计划而被迫服毒自尽。

蒙哥马利

伯纳德·劳·蒙哥马利(1887年11月17日—1976年3月25日),英国陆军元帅、军事家,在二战期间,是盟军最杰出的将领之一。1943年,指挥盟军在西西里登陆,意军迫降;1944年,指挥盟军收复法国,取得了登陆诺曼底的决定性胜利。战后被晋升为英国陆军元帅,受封子爵;从1946年至1948年,担任帝国总参谋长。

① [法]亨利·米歇尔:《第二次世界大战》(下册),九仞译,商务印书馆,1980年,第429页。

于挺过了最艰难的日子，阻止了隆美尔军队继续前进的脚步，迫使德军转攻为守。英国方面也及时做出了战略调整。8 月 4 日，丘吉尔抵达开罗，改组了中东司令部并任命蒙哥马利为第 8 集团军司令。

蒙哥马利于 12 日抵达开罗，一接过第 8 集团军的指挥权，便立即撤销前任一切有关撤退的命令，同时命令部队“就地据守，与阵地共存亡”。蒙哥马利在战前策划了代号为“轻盈”的反攻计划，实行战术欺骗和伪装。同时，他补充了大量兵力和武器装备，使得盟军在军力上占据了绝对的优势。

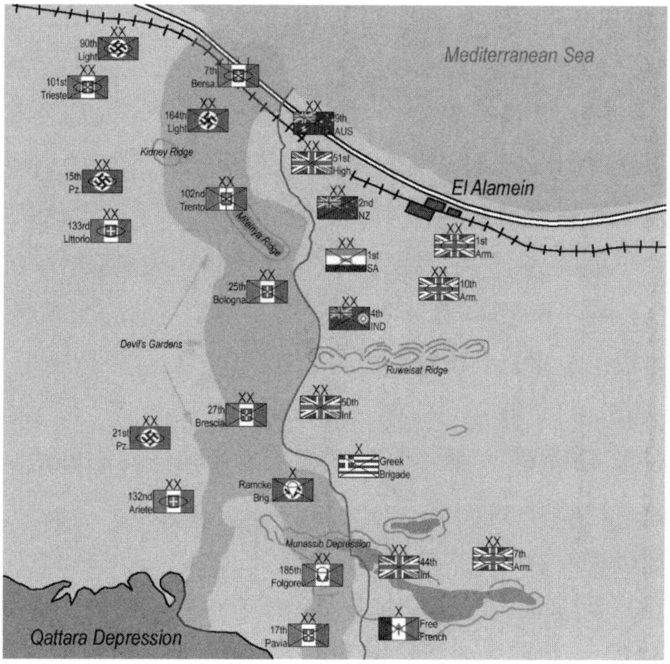

大战前夕各方的部署

图片来源：维基百科

2.战争经过

1942 年 10 月 23 日深夜，阿拉曼战役正式打响。英军首先实施炮火攻击，随后步兵向敌军前沿阵地发起冲击，主攻方向在阿拉曼北侧。

此时隆美尔尚在国内休假,轴心国在北非部署的装甲部队也来不及反应,只能凭借一条埋下50万颗反坦克地雷的防线进行顽抗。[①]英军分几路进攻,但是由于扫雷坦克数量不足,扫雷工作进展缓慢,大部分兵力都被困在雷线前后并遭到了德军装甲部队的反击。澳大利亚第9师是各支军队中进展最为顺利的,其在战线北端攻占德军部分阵地后向海岸推进,并在26日开始与刚刚返回战场的隆美尔所率领的第90轻装师陷入缠斗。[②]

由于英军的突击未能收到预期效果,蒙哥马利决定27、28日暂停进攻,重新调整部署,加强了主攻方向的军力,并于28日夜间继续向北海岸猛攻。德军则把主力北调,从而形成了僵持的局面。11月1日夜间,英军开始了“超压行动”,再度发起猛攻。虽然德军几乎调集了所有残存坦克严阵以待,并攻击英军两翼,但由于缺乏空中力量的掩护,大部分坦克被炸毁,德军164师残余全军覆没。11月3日,意大利军队已经开始撤退,但不甘失败的希特勒仍电令隆美尔坚守顽抗。隆美尔一直坚持到了11月4日下午,最终下令德意军队全线撤退,而希特勒批准撤退的电报直到次日早上才到达。[③]6日,英军因雨停止追击,阿拉曼战役至此结束。

战役结束后,根据“火炬”计划,美英联军实施在法属北非的登陆作战行动。1942年11月8日,美英联军在法属北非登陆,由西向东对德军发起进攻。当时德军把主要注意力集中在斯大林格勒,而隆美尔的军队在遭受阿拉曼战役失败后,被困于沙漠中。因此美英军队的登陆非常顺利,阿尔及尔的德军当天下午即停止抵抗,奥兰和卡萨布兰卡的德军也于10日和11日分别宣布投降。盟军登陆后,迅速扩大战

---

① Bierman, John, Smith & Colin, *War Without Hate: The Desert Campaign of 1940—1943*, Penguin Books, 2002, p.255.

② Battistelli, Pier Paolo, *Battle Story: El Alamein 1942*, The History Press, 2012, pp.61–81.

③ Battistelli, Pier Paolo, *Battle Story: El Alamein 1942*, The History Press, 2012, p.91.

果,到11月底相继占领了摩洛哥和阿尔及利亚,并且进入了突尼斯境内。经过充分准备,1943年4月20日,英美联军对德国的非洲军团发起总攻。5月13日,突尼斯境内的25万德军全部投降,至此盟军在北非战场取得了全面胜利。

3.战役影响

阿拉曼战役中,英军以1.3万人的代价造成了轴心国军队超过6万人的损失。这是北非战场的转折点,也是二战中英国抗击德国战争的转折点,此后英军在北非战场上由战略防守转为战略进攻。[①]阿拉曼战役是英军领导的最大规模的胜利,为盟军此后"火炬计划"的顺利推行创造了条件,增强了亚非人民打败法西斯的信心。在此基础上,盟军一鼓作气取得了北非战役的胜利,消除了轴心国对埃及和苏伊士运河的威胁,阿拉曼战役为盟国实现二战整个战局的转折奠定了基础。

【阿拉曼战役——事件评价】

1.局内人

(1)埃尔温·隆美尔(Erwin Johannes Eugen Rommel,1891—1944)——时任德军非洲军团指挥官

战斗打得正紧,但敌人已经以绝对优势压了过来,我们的物资少得可怜。倘若战败,我的生死只好全凭上帝的安排了。战败后的那一切实在叫人无法忍受,但我深信我已尽了自己最大的努力去争取胜利。[②]

---

① 唐贤兴:《近现代国际关系史》,复旦大学出版社,2002年,第387页。

② [美]迈克尔·哈林顿:《征战阿拉曼》,耿雪峰译,京华出版社,2004年,第255页。

(2)伯纳德·劳·蒙哥马利(Bernard Law Montgomery，1887—1976)——时任英军沙漠军团指挥官

第8集团军的官兵们，你们是大英帝国的战狮，你们热切期盼的一个光辉的时刻即将来临了！你们要像狮子一样勇敢地扑向敌人，消灭他们。在非洲这个广阔的舞台上，无论在哪个角落，一旦发现德国人就打死他。勇敢和胜利自古就是一对孪生兄弟，我热切得希望你们拿出英国皇家军人的自豪和无畏来，在这一场决定性的战役中让自己的名字写进史册。[①]

(3)阿道夫·希特勒(Adolf Hitler，1889—1945)——时任德意志帝国元首兼总理

无疑，可以肯定地说，他(隆美尔)在进攻中撤退的做法是极端错误的。为什么不继续进攻？这对我们来说是一个谜。我们已经再次使英军处于溃败的境地，我们只需追击敌军，并彻底击败他们就够了。看来，让一个人长久地担负一项重大职责，这种做法是愚蠢的。[②]

(4)温斯顿·丘吉尔(Winston Churchill，1874—1965)——时任英国首相

阿拉曼战役将永远成为英国战史中光辉的一页，它是我们在北非战场转折的标志。可以说，在阿拉曼战役以前，我们战无不败；在阿拉曼战役以后，我们将战无不胜！[③]

敌军在突尼斯全军覆没，最后投降总数达

① [美]迈克尔·哈林顿：《征战阿拉曼》，耿雪峰译，京华出版社，2004年，第278页。

② 同上，第252~253页。

③ [英]温斯顿·丘吉尔：《第二次世界大战回忆录》(第四卷下部第三分册)，商务印书馆，1975年，第888页。

24.8 万人。这标志着阿拉曼战役以及进军西北非这个伟大业绩的胜利结束。祝你们在以往的成就和新的努力的基础上,取得更加辉煌的胜利。[①]

2. 局外人

(1)刘超雄——历史研究学者

到 1942 年年底,世界大战的形势开始发生根本的变化。对于英国人来说,这种变化的最明确信号是北非阿拉曼战役的胜利。他们从这场由自己指挥和进行的战役中了解到,同盟国已经在武器、兵力、资源和组织方面取得了优势,轴心国集团的彻底失败只是时间问题了。阿拉曼战役之后,英国人满怀信心地期待着反法西斯战争的最后胜利。[②]

(2)威廉·夏伊勒——美国著名驻外记者、新闻分析员、世界现代史学家

(阿拉曼战役之前)这是盟国在战争中最黑暗的时刻之一,相对来说,是轴心国最光明的时刻之一。希特勒对全球战略是一窍不通的,他不知道如何利用隆美尔在北非获得的惊人成就。他奖给这位非洲军的英勇领导人一根陆军元帅的节杖,却没有给他送去供应和援兵。[③]

(3)利德尔·哈特——英国军事理论家、战略家

这才算得上一个转折点。1942 年 7—10 月有一系列的阿拉曼之战,但 7 月初的第一次阿拉曼之战则是最关键的一战。因为这一战使隆美尔征服埃及的希望化成泡影。[④]

---

① [美]迈克尔·哈林顿:《征战阿拉曼》,耿雪峰译,京华出版社,2004 年,第 271 页。

② 刘超雄:《第二次世界大战与英国政治》,《世界历史》1990 年第 2 期。

③ [美]威廉·夏伊勒:《第三帝国的兴亡》,董乐山等译,世界知识出版社,1979 年,第 1251~1251 页。

④ [英]利德尔·哈特:《第二次世界大战史》,伍协力译,上海译文出版社,1978 年,第 394~395 页。

思考题

1.北非战场在二战中具有怎样的战略地位?

2.盟军在阿拉曼战役中取得的成功有哪些方面的因素?

3.意大利军队在北非战场扮演了什么样的角色?

延伸阅读

姜游游:《血战阿拉曼》,哈尔滨出版社,2013 年。

延伸游戏

1.《战地 1942》

2.《使命召唤 2》

拯救大兵瑞恩

时代背景 1944 年 6 月

地域背景 法国西北部诺曼底

电影制作 美国 / 1998 年 / 169 分钟

电影导演 史蒂文 · 斯皮尔伯格

电影编剧 罗伯特 · 罗达特

电影主演 汤姆 · 汉克斯 / 马特 · 达蒙 / 杰瑞米 · 戴维斯

006《拯救大兵瑞恩》——诺曼底登陆

【《拯救大兵瑞恩》——影片简介】

诺曼底登陆是扭转二战战局的一场战役，其惨烈程度也为其赢得了“绞肉机”的称号。这样的著名战役几乎注定会被导演们看中，斯皮尔伯格就这样来了。血肉横飞的战场在这部《拯救大兵瑞恩》中被真实地还原，观众走出影院之后不愿记起那些画面，但一切又历历在目，冲击内心。当然，作为一部获得奥斯卡最佳影片提名和最佳导演奖的战争电影，其更加可贵的地方在于，在“劲爆”的画面背后，这部电影让我们思考战争，并回味战场上的人性光芒。

初看片名我们都会疑惑，大兵瑞恩是谁？为什么要救他？詹姆斯·瑞恩是一名战争年代的“仅存者”——他的三个哥哥都已血洒疆场，根据“仅存者政策”，美军要将仅存的他带离战场，带回其母亲身边。而负责这次任务的是刚刚在奥马哈海滩登陆的约翰·米勒上尉和他的小队，影片就围绕这次营救行动展开。

在历尽艰险并损失了两名队员后，米勒上尉和他的小队终于找到了瑞恩。但由于瑞恩所在的小队接到了坚守大桥的任务，瑞恩不愿以这种方式抛弃他的战友，独自离开战场。受到瑞恩的感染，米勒上尉和他的小队决定留下来一起守卫阵地。随后，德军进犯阵地。米勒上尉的小队与瑞恩所在的小队一起迎击德军，坚持到了援军的到来。最终，瑞恩得以活着回到祖国，但米勒上尉却在这场阻击战中不幸战死。[①]

---

① 参见时光网：http://movie.mtime.com/12622/plots.html。

仅存者政策

仅存者政策(Sole Survivor Policy)又称"国防部 1315.15 指令"(DoD Directive 1315.15)、"幸存者之特别分离政策"。它是指美军在二战之后制定的一套规定,其内容主要是:如果某人家中有兄弟姐妹在从军时牺牲,那么此人可以不被征召入伍或参加战斗。

该政策最早出台在 1942 年, 渊源是苏利文家五兄弟同时丧命于美军"朱诺号"轻巡洋舰。此后,尽管保留"仅存者"未被明文规定,但成了美军的默认原则。该政策于 1948 年正式出台,在越南战争时期追加了和平时期的限制规定。1971 年,美国国会又修改了该法规,将适用对象从仅剩一儿或一女存活的军眷家庭,扩大到有至少一位子女在战斗中阵亡的家庭。在此之后,美国的陆海空各军种都分别为其下的军人与其直系亲属制定了相关的分离政策,以防止某个家庭出现有数人接连阵亡、甚至香火无继的惨剧。

影片留给了我们太多感受:士兵不是机器,军人有热血,但也会害怕、会迷茫。有的士兵在战场上是恐惧、懦弱的,有的士兵是无私和勇敢的。影片又给我们带来了更多的思考:为什么要用八个人救一个人?士兵的生命也有高低之分吗?所有这些士兵是在为什么而战?为了自己的生命而眼睁睁地看着战友牺牲是正确的吗?这些问题每个人心中可能都有答案,这些答案也可能不尽相同。但不管如何,思考战争也是思考自我、思考生活、思考人类。

【诺曼底登陆——事件概览】

1.战役背景

1941 年 6 月,苏德战争爆发,苏联战场成为欧洲反法西斯战争的主要战场。由于美国尚未参战,关于第二战场的交涉主要是在苏英间

> **第二战场**
>
> 第二战场是指二战时期,除苏联战场外,以西欧为主要区域的战场,它的开辟以诺曼底登陆为标志。第二战场的想法最早由斯大林在1941年提出,但是由于当时美国尚未参战,英国也没有从敦刻尔克大撤退的挫折中缓过来,所以根本无力在西欧实施大规模登陆战。此后,英美与苏联就第二战场的开辟问题争执不下。一直到苏联取得斯大林格勒战役胜利之后,三方才在1943年11月底的德黑兰会议上决定在1944年5月底实施欧洲登陆计划,开辟欧洲第二战场。后来,由于登陆规模扩大,实际登陆日期就推迟至1944年6月6日。欧洲第二战场的开辟标志着世界反法西斯同盟开始了大反攻,加速了法西斯德国的灭亡。

进行。当年7月18日，斯大林致信丘吉尔,第一次正式提出在法国北部和北极地带两线开辟第二战场。但英国国内对此的争论和利益算计使英国迟迟没有开辟第二战场。随着太平洋战争爆发和美国参战、苏德战场形势逆转以及《联合国家宣言》的签署,开辟第二战场的问题被重新提上议事日程。

在1943年5月的“三叉戟”会议和8月的魁北克会议上,美英制定了盟军二战以来最大规模的登陆行动方案——霸王计划。1943年11月，美英苏三方在德黑兰会议上就开辟第二战场的问题达成了最终的决定。出于军事方面的考虑,登陆日选在1944年6月6日,地点则是在法国诺曼底地区的五个海滩,即犹他海滩、奥马哈海滩、宝剑海滩、朱诺海滩和黄金海滩。

2.战前准备

为了防备盟军的反攻,1942年3月23日，希特勒发布第四十号元首令,任命陆军元帅龙德施泰特为西线总司令,负责修筑从挪威到西班牙的防线。由于希特勒认为,英军会在挪威登陆以连通苏联的摩尔曼斯克港,因而在挪威部署了350个炮兵连,并使挪威防线成为这一道“沿海长城”中最难以攻克的一环。事实上,斯大林也的确考虑在挪威开辟第二战场,不过其提议未被盟军采纳。相比之下,德国在法国沿岸的防御工事从最开始就被忽视。

1942年8月18日,英加联军在法国的迪耶普登陆,但被德军击溃。到了这时,希特勒才意识到法国才最有可能是盟军登陆的地点。1943年,盟军在西西里和意大利登陆,次年1月,希特勒任命隆美尔为B集团军群作战司令,负责法国北部的沿岸防御。此时,隆美尔开始着手构建“大西洋壁垒”——由碉堡、火炮阵地、雷区、反坦克壕、反伞兵工事等设施构成的反登陆作战的防御系统。

然而德军依然错误地估计了盟军登陆的地点。法国北部索姆河口的加莱地区被视为盟军登陆的第一选择。因此德军在这一错误的地点强化了“大西洋壁垒”,这其中包括4座重型海军炮台以及大量的“隆美尔竹笋”,即用于阻止敌军飞机着陆的高大竿子。而在诺曼底,不仅防御工事的修筑进程很缓慢,连该地的驻军也在质量和数量上都难以胜任防御任务。直到盟军登陆时,诺曼底地区防御工事的修筑进程仅为30%,而驻守部队则大多为年龄过大而又缺乏训练的二级预备役人员。

在西线的法国、比利时、荷兰,有西线总司令陆军元帅龙德施泰德指挥的58个师,其中海防师33个,步兵师15个,装甲师8个,另外还有2个伞兵师,总兵力达70余万。这58个师被编为B、G两个集团军群。其中,陆军元帅隆美尔指挥有39个师的B集团军群,驻守在法国北部,B集团军群是德军在西线的主力。布拉斯科维兹上将则指挥由19个师组成的G集团军群,驻守法国卢瓦河以西地区。但就是这原本有希望阻止盟军登陆的58个师,却因为盟军的“大骗局”而错误地估计了盟军的登陆地点,最终没能有效阻止盟军在诺曼底的登陆行动。

这一“大骗局”被称为“水银计划”,旨在让德军相信盟军会在加莱登陆从而减弱德军在诺曼底的防御力量。从1943年下半年开始,盟军一步步地将德军引诱至设计好的圈套之中。

1943 年 7 月,法国抵抗组织的一个间谍小组出现了“叛徒”,他不但出卖了组内其他成员,还诱使十余名英国特工被捕。这些被捕的特工悉数招供:盟军将在加莱登陆。果然,到了 1944 年 3 月,乔治·巴顿将军携美国第一集团军群进驻多佛港,备战加莱登陆战。而对岸的德军通过截获的大量电报分析出,第一集团军群是由 23 个步兵师、1 个空降师和 6 个装甲师构成。同时,多佛不断起飞轰炸机轰炸加莱,颇有大军将至的先兆。但其实这一切都是盟军战略欺骗行动的一部分。这一信号的传递,使得德军对盟军要在加莱登陆信以为真。

其实,所谓在丹佛驻军的“美国第一集团军群”事实上并不存在,而是美国精心策划的假象。美国先是出版一期《美国国家地理》杂志,而后又将其召回,造成误将“第一集团军群”的各种徽章公布造成泄密的假象。随后,盟军又将三百余报务员伪装成集团军各级无线电通信员,每日严格按照同级别单位的日常通信量进行联络,并在多佛设立假司令部,使用大功率电台与各下属部队联系,使德军的无线电侦听、定位部队误以为第一集团军群是存在的,并且已经驻军多佛。为了增加迷惑性,盟军还在英格兰东南部地区修建了军营、仓库、公路、输油管线,并用塑胶、木板、充气道具等物品制作了大量的假物资囤积处、假机场、假武器等,甚至逼真地在河面上制造出军舰航行的油迹、坦克在公路上留下的履带印,再将部分在登陆初期没有作战任务的部队调到这里,驻扎操练。就这样,盟军利用德军的空中侦察机所拍的照片,给德军造成了盟军在多佛地区集结了第一集团军群的假象。

为了调离德军在法国的军事存在, 盟军还在南欧实行了代号为“齐柏林行动”的欺骗行动,故意放出应斯大林要求,为迫使希特勒盟友退出战争首先进攻巴尔干半岛地区,而推迟对欧洲的进一步军事行动的消息。1944 年年初,苏军逼近罗马尼亚和匈牙利。德、意预感败局已定,于是派出代表与英、美秘密接触,商讨投降事宜。但是英国的广播、报纸却“不小心”地透露了此事。德国听闻此事后,决定出兵占领匈牙利。但当时德军在苏联战场战况吃紧、在意大利激战正酣,东方无兵可调,只好从法国抽出 3 个装甲师和 1 个步兵师,于 1944 年 3 月占领匈牙利。如此这般下来,盟军又将德军 4 个师的精锐部队调离了法国。与此同时,16 万盟军将士在英国南部的朴次茅斯军港集结,为登陆作战做着最后的准备。

在诺曼底登陆取得胜利后的相当一段时间里,德军还是坚信诺曼底登陆只是佯攻,因而将第 15 军的 15 万将士留在了加莱地区。

3.战争过程

1944 年 6 月 6 日午夜时分,代号为"泰坦尼克行动"的伞降行动在奥马哈、黄金和朱诺海滩后方远离实际登陆区的地区展开,诺曼底战役的大幕就此拉开。由约 1270 架飞机所组成的航空队载着美军第 101 和第 82 空降师和英军第 6 空降师的约 1.7 万伞兵涌入诺曼底,他们的任务是抢占海岸通路和重要桥梁。由于德军密集的防空炮火,不少伞兵被错投,很多伞兵因为被分散到了广大的德军后方防线而被俘虏,蒙受重大伤亡,而更多的伞兵则是因为无法找到大部队而无法参与大规模作战。

美军第 1 步兵师登陆奥马哈海滩

图片来源:维基百科

6日3时,随着伞兵伞降结束,盟军的1056架次的飞机将近5000吨炸弹倾泻在五个登陆海滩的德军基地上。在空袭进行之时,盟军将搭载有约28.7万盟军士兵的5726艘登陆舰艇和1213艘战舰炮艇集结在诺曼底地区的海域。空袭一直持续了近两个小时,随着空袭的结束,盟军的登陆舰艇由经十个被扫过雷的水道驶向预定好的五个海滩。在这五个海滩中,美军主攻犹他、奥马哈两个海滩,而英加联军则负责剩下的三个海滩。

在军舰和炮艇炮火的掩护下,盟军士兵在6时许冲上海滩,他们的任务是抢占滩头阵地,捣毁德军的沿岸防御工事,为装甲部队清除沙滩上的障碍物。在这五个海滩的战役中,以奥马哈海滩的作战最为惨烈,至少有两千名美军士兵在攻占奥马哈海滩的战役中阵亡或负伤,因而该海滩也被称为“血腥奥马哈”。

在6月6日当天,约有15.6万名士兵、900辆装甲车以及600门火炮在诺曼底登陆,2.25万名盟军士兵通过伞降的方式抵达诺曼底。至7月初,美、英、加军登陆人数达100万人。在抵达卡昂—科蒙—莱赛一线后,形成了正面150千米、纵深13~35千米的登陆场,登陆阵地得到稳固,诺曼底战役宣告胜利。①

4.事件影响

诺曼底战役是二战中规模最大的一次登陆作战行动,它是欧洲反法西斯战争的转折点,实现了反法西斯国家对纳粹德国的东西夹击,推动了法国和西欧的解放,加速了对德作战的胜利和反法西斯战争的最终胜利。盟军在诺曼底的成功登陆,同时也减轻了苏联在东线对德作战的压力,促使苏联在东线对德作战优势的扩大。而盟军在战前大规模的战略欺骗行动也成为心理战的典范。

---

① 彭训厚:《史无前例的大规模登陆战役——诺曼底登陆战役述评》,《军事历史》2008年第1期。

但同时不可忽视的是,诺曼底登陆的成功和德军的溃退并不意味着这个战场上硝烟散尽——盟军的被俘士兵们仍然遭受着痛苦,德军的地雷也还时不时地带来麻烦。更触目惊心的是,在诺曼底战役中有约两万名的法国群众遇难,其中约 1.2 万人死于盟军炮火的误伤。军队方面,德军阵亡士兵数量超过 5.5 万人,盟军方面阵亡人数也达到 3.7 万人,双方的伤亡合计超过 60 万人,[①]战争对于双方军队和民众都造成了无法估量的损失。

【诺曼底登陆——事件评价】

1. 局内人

(1)德怀特·戴维·艾森豪威尔(Dwight David Eisenhower,1890—1969)——时任欧洲盟军最高司令、诺曼底战役盟军最高指挥官

今天早晨的时候,我们的联合远征军成功地在法国沿岸实施了登陆行动。此次行动是包括我们伟大的盟友苏联在内的多国解放欧洲的计划的一部分。我向你们传达这样一条信息,即尽管最初的攻击也许还未能完全解放你的祖国,但你们重新迎来自由的日子已经不远了……(法国人民)我们在你们的国土上完成了最初的登陆,我向其他西欧被占领国家的国民们更加强调我的信息。遵照你们的领导者行动,在时机不成熟的时候采取行动,会使你们错失帮助祖国的最佳时机。请耐心做好准备……在解放并走向最终胜利的进程中, 我们也许要遭受更多的

① Dominique Francois, *Normandy*, Zenith Press,2008,p.283.

损失与毁灭。虽然这些令人伤感,但也是胜利的一部分。我向你们保证,我将尽我所能带你们摆脱困境。我知道我现在需要你们坚定的支持,正如过去一样。在整个法国坚持与纳粹斗争的法国人民的英雄事迹为我们树立了榜样,并激励着我们全体。此次登陆作战仅仅是西欧解放斗争的开始。大战在即,我呼唤全体热爱自由的人们与我们并肩而立,坚持你们对我们军队的信任,我们必将共同迎接胜利的到来!

(摘自艾森豪威尔1944年6月6日在华盛顿的广播演讲)

(2)温斯顿·丘吉尔

我们为了历史上最大一次两栖作战所进行的长年累月的准备和计划终于在进攻发起日——1944年6月6日告成。虽然在有些地点这些空降师比原计划散布得广了一些,但是各项目标都达到了……当然,原定计划中这次规模庞大的登陆行动已经全部成功了。我的同事们和我不能不承认:就其规模,就其宏大的布局,以及杰出的执行计划的情况来讲,战争史上从来也没有过足以和它类比的事业。众所周知,拿破仑当年打算横渡海峡遭到了可耻的失败。歇斯底里的希特勒吹了两年牛皮,说要强渡海峡,但是就连作一个企图进行威胁的暗示也下不了决心。只有我们的盟军才光荣地胜利地实现了强渡海峡的庞大计划。历史将把这一业绩当作一项最高的成就而记载下来。①

(3)约瑟夫·斯大林

将盟国解放军攻入法国北部的7天战斗情形做一总结,可以毫不犹豫地说,盟国登陆兵大规模地强渡拉芒什海峡和在法国北部大举登陆的行动是完全成功的。这无疑是我们盟国的光辉胜利。

不得不承认,这次行动按其计划的周密、规模的宏大和行动的巧

① [英] 温斯顿·丘吉尔:《不需要的战争》,薛鸿时选编,漓江出版社,1991年,第299页。

妙来说，在战史上还从未有过类似的先例……这件事将作为头等业绩载入史册。①

2. 局外人

（1）贝拉克·侯赛因·奥巴马（Barack Hussein Obama）——第44任美国总统

当然，直至如今我们同聚诺曼底，我们仍记得带来自由的胜利同样归功于身着美国军服的其他人……奥马哈－诺曼底——这是民主的滩头。我们在此战争中的胜利不仅决定了一个世纪的进程，同时保障了全人类子孙后代的安定。我们将旧时的队友列阵于全新的联盟。我们创造了全新的财富，我们与欧洲人民共同伫立于灰暗的斗争中，以折毁最后一堵铜墙铁壁。从西欧到东欧，从南美到南亚——七十年的民主运动蔓延开来。所有曾一度黯然于盲目惶恐下的国度开始品尝自由所带来的庇佑。

（摘自奥巴马在诺曼底登陆70周年纪念仪式上的演讲）②

（2）孔寒冰——北京大学国际关系学院教授

以国际协议的方式承诺在1942年内开辟第二战场，但最后还是违背了诺言，用北非登陆取代了在西欧开辟第二战场。1943年，由于斯大林格勒保卫战的胜利，苏德战场有了根本性的转变，也由于美国要

---

① 中央编译局：《斯大林文选（1934—1952）》，人民出版社，1962年，第360页。

② The White House, *Remarks by President Obama at the 70th Anniversary of D-Day -- Omaha Beach, Normandy*, 2014.6. 网址：https://www.whitehouse.gov/the-press-office/2014/06/06/remarks-president-obama-70th-anniversary-d-day-omaha-beach-normandy，最后访问：2016年6月1日。

战胜日本需要苏联的帮助，还由于考虑到战后与苏联的关系，美英两国终于在1943年5月做出决定：1944年5月在法国北部开辟第二战场。诺曼底登陆的直接结果是沉重地打击了德军，可深层次上的意义则是差不多将西方大国关系或明或暗地定格了。丘吉尔与罗斯福的交往、英美联军的患难与共使得英美两国从此情同手足，直到今天都没改变。英美与苏联的关系则变得更加复杂起来，虽有第二战场的开辟是“反法西斯联盟战线得以巩固的鲜明标志之一”的说法，但是英美既想打败德国，更想削弱苏联，消灭以苏联为载体的共产主义，而苏联对于英美的所作所为同样也记恨在心、耿耿于怀。①

思考题

1.仅存者政策对于执行任务的“非仅存者”而言公平吗？

2.诺曼底登陆对于二战胜利起到了怎样的关键作用？

3.盟军取得的胜利是必然还是偶然？

延伸影片

1.《最长的一天》The Longest Day(美国/1962年)

2.《遥远的桥》A Bridge Too Far(美国/英国/1977年)

延伸阅读

[美]阿姆布鲁:《诺曼底登陆》，云小丽译，海南出版社，2008年。

① 孔寒冰:《诺曼底:大国关系的多棱镜》，《世界知识》2004年第13期。

》 | 东京审判

时代背景 1946—1948 年

地域背景 东京 / 中国

电影制作 中国大陆 / 2006 年 / 111 分钟

电影导演 高群书

电影编剧 唐灏 / 张思涛 / 张弛 / 胡坤

电影主演 刘松仁 / 朱孝天 / 曾江 / 谢君豪 / 林熙蕾 / 英达 / 曾志伟

007《东京审判》——远东国际军事法庭

【《东京审判》——影片简介】

1946年,远东国际军事法庭在东京审判日本战犯,《东京审判》正是在这一历史背景下,讲述了以梅汝璈为首的中国法官受当时中国国民政府委任,赴东京参与审判的历史故事。对于中国观众而言,无论审判的结果如何,在审判过程中看到的血淋淋的历史都是沉重的。在影片的结尾,当审判的结果和各国在二战中伤亡的人数在屏幕上慢慢出现时,背景音乐一反全片低沉的风格,悠悠地响起了童声。这样的配乐似乎与结尾的氛围格格不入,但也正是这样的一种对比,把观众的情绪推至最高点——在美好事物的映衬下,丑恶越发丑恶。

电影从头至尾贯穿着梅汝璈的旁白,仿佛就是他在为我们讲述一个令他无法忘怀的故事。本片在讲述东京审判的同时,也插入了梅汝璈在日本小酒馆里亲眼所见的一些事情。这样整部影片就立体起来了,它不仅是讲述一件历史大事,而是把当时日本民众对待此次审判的不同态度都表现出来了。影片中还出现了大量真实的影像资料,这对影片的真实性又是一大肯定,同时也是从历史事实角度对这一“审判”进行诠释。

虽然影片在专业的法律人士看来也许仍然成色不足,而且曾志伟等港台演员以日本人的形象出现时难免使人出戏, 但是对于我们来说,当那二十五名日本战犯说自己“无罪”的画面叠加出现,当一个又一个的证人说着南京大屠杀的惨况时,涌上心头的是无限的感慨。因为这是我们必须铭记的历史。

【东京审判——事件概览】

1.审判背景

二战结束后,针对法西斯战犯,世界反法西斯联盟开始进行审判与处置。1945 年 12 月 27 日,远东委员会在美英苏莫斯科三国外长会议上宣布成立,它同时也是负责制定对日处置方针政策的国际机构。在如何处置日本战犯的问题上,远东委员会设置了战犯处理委员会,即第五分会,专门负责对日本战争嫌疑犯的鉴别、逮捕和审判,执行已判刑的战犯的裁决。①

2.准备工作

从 1945 年 9 月 11 日起,盟军最高统帅部开始整肃"日本军国主义分子"并逮捕首要战争嫌疑犯。除了事先自杀的日本前首相近卫文麿、前日军参谋总长杉山元、前陆军省大臣阿南惟几等人,三个月内共有一百余名前日本军界和政界领导人被列为甲级战争罪犯嫌疑人。②

与此同时,盟军成立了国际检察局,负责对日本甲级战犯进行战争罪行调查、证据搜集、向远东国际军事法庭起诉等工作。检察官由远东委员会国政府各派 1 名代表,再经最高统帅委任的 11 人组成。来自美国的检察官季南被任命为首席检察官,同时兼任盟军总部国际检察局局长,精通国际法的向哲浚被中国国民政府派遣担任检察官职务。

1946 年 1 月 19 日,远东国际军事法庭正式成立,中、美、英、苏、法等日本投降书 9 个签字国的国家代表受任为该法庭的法官,行使法庭的审判权。此后考虑到日本在亚洲其他地区的侵略行为,印度和菲律

① 赵玲燕:《远东委员会与日本战犯处罚问题》,博士学位论文,中国社会科学院,2013 年,第 1 页。

② 梅汝璈:《远东国际军事法庭》,法律出版社,2005 年,第 128 页。

宾也加入进来。一共 11 名法官中，梅汝璈先生作为中方代表到庭，澳大利亚代表韦伯则被任命为远东国际军事法庭庭长。

约瑟夫·季南

约瑟夫·季南，著名美国检察官，1910 年毕业于布朗大学，随后在哈佛大学法学院获得博士学位。早在一战时期他便跟随部队从美国开赴欧洲战场，战后担任美国俄亥俄州立检察官、美国司法部刑事局局长等职务。1945 年 12 月 16 日，苏、美、英在莫斯科举行会议，决定组成由美苏英法中等 11 个国家参加的远东国际军事法庭，约瑟夫·季南被任命为远东国际军事法庭首席检察官兼盟军总部国际检察局局长。其强悍的作风与老道的经验在法庭上得以充分体现，为日本战犯伏法做出了卓越贡献。

3.审判过程

1946 年 5 月 3 日，远东国际军事法庭正式开庭。在被告的认罪传讯阶段，所有被告都宣称自己无罪，这也为漫长而艰苦的庭审定下了基调。6 月 3 日，法庭开始进入出示证据阶段，并开庭研究各种程序问题。经过初步的研究，国际检察局向远东国际军事法庭提交的起诉书，共列举了被告包括“破坏和平罪”“杀人罪”和“其他普通战争罪和违犯人道罪”等 55 项罪状。由于最初罪状的编排被指过分琐细，这份起诉书后来又经删减，将 55 项罪状削减为 10 项，从而大大推动了庭审的速度。①

在提起诉讼之后，法庭进入了听取和采纳证据阶段。提出证据阶段从 1946 年 6 月 13 日一直延续到 1947 年 1 月 24 日，检察方的证据主要围绕日本的扩张侵略舆论、各阶段对中国的军事侵略、日本与各大国的关系、日本对苏联的侵略、对占领区平民所犯罪行等 13 个部

① 梅汝璈：《远东国际军事法庭》，法律出版社，2005 年，第 206 页。

分。被法庭接受为证据的文件共计2485件，证人书面证言561份。此外，法庭还讯问了109名证人。

东京国际军事法庭审判会场

图片来源：美国维多利亚州州立图书馆

一个月后，被告的辩护律师开始提出辩方证据，这一阶段于1948年1月12日结束，耗时半年之久。法庭共计接受了辩护方1527件文件和214件证人书面证言，共有310名证人出庭做证。在检察方的立证和辩护方的反证之后，远东国际军事法庭的法官们进行了激烈的讨论。

总体来看，远东国际军事法庭按照英美法的审判程序，从开庭开始历经朗读起诉书、检察方致"始讼词"及提证、辩护方反证、被告个人辩护、检察方反证与辩护方再反证、检察方辩护方分别做最后发言、检察方致"终讼词"、法庭宣判等几个阶段，程序极为复杂。[1]其中，由于法庭的宪章采用了较为烦琐的制度和规则，使对证人的反诘等阶段成为一场场疲劳战。

最终，经过一年多的审讯和讨论，法官们开始草拟判决书。在此过

① 宋志勇：《东京审判与中国》，《抗日战争研究》2001年第3期。

程中，11 位来自不同国家、有着不同背景的法官在法律的基本主张和被告的量刑方面产生了分歧。中国法官坚决主张对战犯进行严惩，而印度、法国、荷兰、菲律宾、澳大利亚 5 国法官也都各自提交了个别意见书。最终，法庭决定以法官投票、过半生效的方式决定了对被告的判决。由于松冈洋右、永野修身、大川周明等战犯先后病死或精神失常，远东国际军事法庭最终对剩下的 25 名战犯做出了判决。以东条英机为首的 7 名甲级战犯被处以绞刑，其他的日本战犯亦得到了应有的惩罚。[①]

4.审判影响

从 1946 年至 1948 年，远东国际军事法庭在日本东京开庭 818 次，庭审记录达 49000 页，文字多达 1000 万，出庭做证的证人达 419 人，其中包括清末代皇帝溥仪，法庭证据 4336 件，判决书长达 1213 页，其规模俨然超过纽伦堡审判，成为有史以来时间最长、规模最大的一次国际审判，其影响力也十分巨大。[②]

日本政府在东京审判期间及之后对东京审判基本上采取了被动配合及默认的姿态，而日本社会对远东国际军事法庭关于甲级战犯的判决的反应则是多元的：一方面，普通民众大多因为盟国方面宣示的审判目的是严惩犯罪的军阀，而不主张追究一般民众的责任。所以在判决公布后对审判的结果采取了默认的态度。另一方面，日本在二战期间的暴行一定程度上引起了日本国内民众的耻辱感。[③]而当法庭表示对握有宣战和停战裁断大权的天皇网开一面之时，日本民众中对作为昔日天皇臣子的战犯的同情舆论也随之升温。东京审判结束不久，当时日本国内竟有约八分之一的民众参加了要求为战犯减刑

---

① 赵玲燕：《远东委员会与日本战犯处罚问题》，博士学位论文，中国社会科学院，2013 年，第 67~68 页。

② 张效林：《远东国际军事法庭判决书》，群众出版社，1986 年，第 2 页。

③ 翟新：《东京审判后日本的甲级战犯政策》，《国际政治研究》2006 年第 3 期。

的署名活动。[1]

东京审判结案陈词

女士们、先生们，尊敬的庭上，尊敬的各同盟国法官们：

全体被告参与了这一共同计划的拟定或执行，这一共同计划的目的是为了日本取得对太平洋及印度洋地区国家的政治、军事、经济的控制地位。为了达到这个目的，日本单独或与其他具有同样目的的国家发动侵略战争，以对付反对此侵略目的的国家！我以及我们检查团的全体同仁，用我们的努力和证据，证明了上述目的的阴谋及罪行都确有其事！

综观人类文明史，其手段之残忍、残酷、灭绝人性实属罕见！无数的生命痛苦地消失在日本侵略者野心的枪口和刀口之下！他们的这种行为是对人类文明的挑战！是对和平的挑战！是对世界的挑战！他们共同的犯罪目的是为了确保天皇的统治地位！没有比发动和实行侵略战争更加严重的罪行！全世界人民的安全被这种阴谋所威胁！被这场战争所破坏！这个阴谋的唯一结果就是使全世界遭受死亡和痛苦！

所以我——约瑟夫·季南代表盟国检查团全体同仁郑重向远东国际军事法庭庭长及各位法官提请，请你们给这些发动和实施侵略战争的被告以严惩！请你们以公正之心，以善良之名，以人类之愿！

就远东国际军事法庭取得的成果来看，法庭对日本的侵略行为进行了总清算，确定了日本侵略中国的性质，并确认了包括南京大屠杀在内的日军暴行存在的事实，日本战犯大多受到了应有的惩罚。同时，东京审判中的众多实践也对丰富和完善国际法起了积极作用，为20世纪下半叶的国际战争罪犯审判提供了充分、坚实的理论与实践基

① 翟新：《东京审判后日本的甲级战犯政策》，《国际政治研究》2006年第3期。

础。[1]然而中国学界普遍认为，东京审判存在不彻底性，这种不彻底性包括：未追究天皇的责任、未追究垄断财阀的责任，以及没有解决化学武器问题、慰安妇问题、强制劳工问题等。[2]

5.处理二战战犯的国际法庭

为了处理战争之后战犯的问题，国际社会成立了许多专门的国际军事法庭。在审判二战战犯问题上，除了上文述及的远东国际军事法庭以外，还有欧洲国际军事法庭。欧洲国际军事法庭又称纽伦堡国际军事法庭，是二战结束后成立的专门审判德国战犯的国际刑事特别法庭。1945年8月8日，苏美英法四国在英国伦敦签订了《关于控诉和惩处欧洲轴心国主要战犯的协定》及其附件《欧洲国际军事法庭宪章》。[3]据此成立的纽伦堡国际军事法庭成为审判德国战犯的主要机构。

【东京审判——事件评价】

1. 局内人

(1)梅汝璈(1904—1973)——远东国际军事法庭中国法官

1948年12月23日，当东条英机等战犯被执行死刑后，梅汝璈感慨地说，东条等七战犯之处死，象征着国际正义之胜利，向世界表明侵略之无益，此事并无报复之意味，而系表明侵略为走向绞

① 何勤华：《试论东京审判的贡献与局限》，《东方法学》2006年第1期。.

② 韩华：《东京审判研究综述》，《抗日战争研究》2012年第2期。

③ 张新奎：《形形色色的国际军事法庭》，《环球军事》2005年第16期。

架之路而非光荣之路。各犯之处死刑,对于遭受日本侵略之苦之中国及其他国家人民为一种安慰。

(节选自 1948 年 12 月 24 日《申报》)

梅汝璈

梅汝璈 1904 年生于中国江西南昌,字亚轩。考取公费赴美留学后,梅汝璈先后获得斯坦福大学文学学士学位和芝加哥大学法学博士学位。二战结束后,梅汝璈奉国民政府派遣,于 1946 年 5 月到 1948 年 12 月代表中国出任远东国际军事法庭法官,参与审判日本战争罪犯,从此成为家喻户晓的民族英雄。在两年半的开庭过程中,梅汝璈对第一批 28 名日本甲级战犯的定罪量刑工作做出了突出的贡献,并在“法官席位之争”“起草判决书”“坚决死刑处罚”等问题上维护了中国的立场。1948 年,国民党政府明令公布梅汝璈为行政院委员兼司法部长,遭到梅汝璈的拒绝。1949 年年底,他秘密到达北京出席中国人民外交学会成立大会,受到政务院总理周恩来称赞。此后,梅汝璈长期担任中华人民共和国外交部顾问、专门委员兼条约委员会委员,并且任第一届全国人民代表大会代表、法案委员会委员等。梅汝璈在晚年根据自己的亲身经历撰写了《远东国际军事法庭》一书,其参与东京审判时所穿的法袍如今收藏在国家博物馆。

(2)倪征燠(1906—2003)——远东国际军事法庭中国检察官首席顾问

东京审判不仅在传统国际法关于违犯战争法规或惯例的普通战争犯罪以外确立了破坏和平罪和反人道罪,还深入阐述了关于“共同阴谋”进行侵略的论点,颇有独到之处。[1]

① 梅汝璈:《远东国际军事法庭》,法律出版社,2005 年,第 1 页。

(3)周锡卿(1915—2004)——远东国际军事法庭参加者

东京审判与纽伦堡审判不一样:在纽伦堡审判中,法庭的组成及有关事项是根据四国平等的原则,法官和检察官经选举与表决产生。而在东京审判中,法庭组成人员是由麦克阿瑟任命,由美国人说了算,以此保证了美国操纵法庭并贯彻美国意图;而东京法庭使用的是英美法律的诉讼程序,使用的工作语言限于英语和日语。参与东京审判的中国工作人员大多曾在上海工作,精通英美法律,外语也很好,在这方面能应付裕如。但美国人设置了许多程序性障碍,制定了种种有碍于法庭审判工作正常进行的规定,如对每个战犯除可以自聘日本律师及辩护人外,还必须配一名美国律师。这些律师往往节外生枝。我们原以为,抗战时我们与美国一起抵抗日本侵略,现在美国理应与中国站在一起,严肃审判日本战犯,实际上却不是那么一回事。

在法庭工作期间,我们经常受到歧视,心里很不痛快。举个例子,战犯板垣征四郎曾在中国犯下了累累罪行,但法庭却分给菲律宾负责审理。经过中国检察官向先生和首席顾问倪先生等据理力争,最后终于同意由中国负责审理。①

2. 局外人

(1)王铁崖——中国当代国际法学家

从国际法的角度来看,战争罪行和战争罪犯是经过纽伦堡和东京审判而确立的概念,它们的确立表明了国际法,特别是战争法有了新的发展。二战后的两次战犯审判,在国际法的发展史上有不可磨灭的功绩。②

---

① 荣欣:《历史的审判岂容篡改——访原远东国际军事法庭参加者周锡卿教授》,《求是》1995 年第 16 期。

② 梅汝璈:《远东国际军事法庭》,法律出版社,2005 年,第 4~5 页。

(2)苏智良——上海师范大学教授

远东国际军事法庭是国际法发展史上的里程碑。法庭所坚持的“侵略罪”和“反人道罪”早已被写入《国际刑事法院规约》中,成为人类社会必须遵守的基本原则之一;法庭所确立的一系列战争法则和规则已经成为当今世界的一般国际法原则。远东国际军事法庭的运作,是人类为了更好地生存而做出的努力,它所宣扬的价值对今天的人们仍有启发。[①]但同时,远东国际军事法庭也有缺陷和遗憾。与纽伦堡军事法庭一样,东京审判在消除日本军国主义的政治、经济根源方面尚留有缺憾,同时也有许多明显的缺点。

远东军事法庭在惩处日本战犯和消灭军国主义势力上是不彻底的。主要表现有:一是作为日本发动侵略战争的国家元首和军队最高统帅的天皇没有被追究战争责任;二是美国从本国立场出发,主要追究的是对太平洋战争的日本战犯;三是在审判后期,美国出于自己远东政策的需要,放松了对部分重大战犯战争责任的追究,如 1948 年宣布释放了 19 名重要战犯,1950 年又在刑期终了前释放了所有日本国内在押战犯。其中被称为“满洲之妖”的岸信介还于 1957 年出任日本首相,其内阁成员半数为曾被清洗的战犯。

(3)宋志勇——南开大学日本研究院院长

东京审判是战后以反法西斯盟国为代表的国际社会对日本发动对外侵略战争罪行的一次总清算。通过东京审判,揭露出大量的日本军国主义政府预谋、策划和发动对外侵略战争,以及在战争中犯下的令人发指的累累罪行,教育了长期受蒙蔽的日本人民。东京审判惩办了一批罪大恶极的侵略战争主犯,体现了国际正义和人类的尊严。当

---

① 苏智良:《远东审判的合法性、正义性及对未来的启迪》,《上海师范大学学报》(哲学社会科学版)2006 年第 4 期。

然，由于美国根据其国家利益主导东京审判，日本进行化学战、“七三一部队”进行大规模人体实验等许多罪行没有予以追究，昭和天皇和一批重要的战争罪犯逃脱了正义的审判，这都给后来的日本社会带来了严重的负面影响，是当今日本拒不承认和反省侵略战争罪行的主要原因之一。虽然东京审判有些缺陷，但总的来说，东京审判还是一次成功的审判，无论在国际法的发展史上，还是在亚太国际关系史上都具有重要意义。

中国对东京审判是持积极态度的。中国参加审判的法官、检察官及其助理人员都为东京审判尽了很大努力。由于美国主导审判，中国参加审判工作受到很大限制。但是中方克服了重重困难，积极主动地投入到审判中去，在日本侵华罪行的起诉、法庭辩论和判决过程中起到了重要作用，为东京审判的成功举行做出了自己的贡献。但由于当时的中国国民政府对东京审判重视不够，在后方支援、证据收集、方针指导、争取中方在法庭中的权利方面努力不够，中国在东京审判中没能发挥应有的更大的作用，这不能不说是中国参加东京审判的一大憾事。[①]

思考题

1.战后军事法庭的成立有什么意义？

2.中国法律人在战犯的处理中起到了怎样的作用？

3.如何评价远东国际军事法庭对日本战犯的处置？

延伸影片

《纽伦堡大审判》(美国/1961 年)

---

① 宋志勇：《东京审判和中国》，《抗日战争研究》2001 年第 3 期。

延伸阅读

1.Mann A., *Judgment at Nuremberg*, New Directions Publishing, 2002.

2.余先予、何勤华:《东京审判始末》,浙江人民出版社,1986 年。

杀戮奠边府

时代背景 1954 年

地域背景 越南

电影制作 法国 / 1992 年 / 125 分钟

电影导演 皮埃尔 · 肖恩多夫

电影主演 唐纳德 · 普莱森斯 / 派特里克 · 卡特里夫

008《杀戮奠边府》——第一次印度支那战争

【《杀戮奠边府》——影片简介】

发行之初,《杀戮奠边府》并未在全球公映,但该片却是法国战争电影史上浓墨重彩的一笔。除了庞大的制作经费和优秀的演员团队以外,电影最大的亮点是导演皮埃尔·肖恩多夫,他曾以战地记者的身份亲历印度支那战争,并以同题材影片《安德森小分队》荣获1968年奥斯卡最佳纪录片奖的著名导演。在他的执导下,《杀戮奠边府》突破了传统战争电影的范畴,以独特的视角呈现了有关战争的细节。

不管是从美国战地记者的角度出发观察战争,还是用凄婉的小提琴曲贯穿全片,这部电影更具感染力。在一家名为“诺曼底”的酒吧里,法军士兵不断带来的却是节节败退的消息;在伤兵满营的法军阵地,腿部受伤的士兵没能赶上运送伤员的飞机而绝望地倒在地上——这些镜头无不诉说着战争的残酷。当影片结束、小提琴声再一次响起的时候,出现的是撤退中的大批法军,他们的面孔疲惫而迷茫。还好,他们很快就能回家了。

第一次印支战争对于法国和越南而言都产生了深刻的影响,法越两国也在多部电影中对这次战争进行了刻画。在法国人眼中,第一次印支战争被称为“the dirty war”,法军的失败在其民众心中留下了长久的阴影。而对于越南人民而言,这场来之不易的胜利竟为之后持续几十年的战争埋下了伏笔。荣耀、伤痛、战争、和平,这一切的一切肖恩多夫再清楚不过了,所以他也用自己独到的方式将这种感受呈现给观众。

【第一次印度支那战争——事件概览】

1.事件背景

18世纪开始，法国将殖民地扩张到了交趾地区，即后来的印度支那。尽管受到以潘佩珠为首的民族解放运动者的反抗，法国在二战前依然凭借强硬的实力保持着对越南的控制。1940年，日军在德国攻陷法国的同时趁机占领了整个印度支那，尽管当时的法国维希政府依然在名义上保持着对该地的统治，但事实上日本保持了对印度支那的绝对控制。二战结束之后，越南在胡志明的领导下通过八月革命成立了越南民主共和国，老挝和柬埔寨也分别成立了各自的抗战政府。美国总统罗斯福表示，不支持法国恢复在印度支那的殖民统治，并令蒋介石政府前往印度支那接受日本的投降。然而法国殖民者并不情愿退出这一统治多年的地区，法兰西民族解放委员会先后在1943年12月、1944年1月和1945年3月发表声明，安抚印度支那，并暗示了重返印度支那的态度。1945年9月，法军在西贡登陆，接着在此重新设立了“高级专员”等殖民地行政机构。当年年底，5万名法军士兵进驻了越南。1946年年初，法军控制了整个越南南部地区。1946年3月，法军进抵河内，随即向越南全境扩展。同时，法军在老挝、柬埔寨也采取了相应的军事行动。对于法国的行为，英美出于各自的利益也表示了默认。

1946年，法国与越南先后签订《初步协定》和《临时协定》，协定内容为法国承认越南为一个自由的国家，拥有自己的政府、国会、军队和财政，并成为印度支那联邦和法兰西联邦的一员。[①]越南民主共和国政府则承认法国在越南的经济、文化特权以及法国所属财产和企业的地

① 梁英明：《东南亚近现代史》，昆仑出版社，2005年，第482页。

位。然而法国并不满足于这一程度的控制，在协定签署以后，借此缓兵之计继续在暗中部署兵力。

2.战争经过

1946年，法国军队首先在越南北部开始活动。11月23日，法军重炮轰击了越南海防，仅一个下午就造成6000名越南平民死亡。越南很快便同意停火并撤离了海防。尽管武元甲随后率领30000名越军试图夺回海防，但是终因武器装备的差距而无法突破。12月初，越南人民军包围了河内。12月19日，法军对越南北部地区发动了大规模的进攻，越南人民奋起反击。翌日，胡志明发表《告越南人民书》，号召全国抗战。自此，第一次印度支那战争全面爆发。

1947年开始，法军凭借兵力优势，迅速侵占了河内、海防等城市，并控制了红河三角洲。同时，法军挺进中部，对越军实行南北分割，越军被迫开展游击战。1947年10月7日，法军发动秋冬攻势，试图将越军主力一举歼灭。然而越军顽强地抵抗住了法军的进攻，9000名越军士兵牺牲。

进入1948年，法军开始着手建立西贡政府；1949年6月，前国王保大在西贡建立"越南国"，组建"国民军"。另一方面，胡志明政权坚持游击战的方针，并且抓紧时间与中国、苏联等社会主义国家相继建立了外交关系并获得了一定的军援。印度支那战争自此陷入僵持局面。

在越南人民和印度支那有关各国人民的英勇反击下，法国在印度支那战场损失惨重。同时，杜鲁门上台后，为推行遏制战略、维护其全球战略利益，于1950年2月承认了西贡政权，开始介入这一战场。法国迫于巨大的经济压力，于12月与美国签订了军事援助协定。除了将大量武器运往越南，美国还派遣了各种类型的代表团和军事顾问团，以支持法军的行动。

1951年至1952年，越南、老挝、柬埔寨的抗法战争不断扩大，三国还组成了联合阵线，共同抗击法军。越南战场上，武元甲在永安、冒溪等地不断冲击法军,但均无功而返。在惨重的损失面前,1952 年,法越双方都尽量避免正面冲突,从而为更大的行动做准备。1953 年春,越军协同老挝巴特寮解放军取得了上寮战役的胜利。柬埔寨的抗法武装也取得了一系列胜利,迫使法国于同年 11 月承认了柬埔寨的独立。

朝鲜战争的停战使美国将更多精力放到了印度支那战场,同时法国面对在柬埔寨和老挝的不利局势也只能孤注一掷。法国军队在美国顾问参与下制定了旨在 18 个月内消灭越军主力以夺回主动权的“纳瓦尔计划”。1953 年 11 月,法军空降兵占领了越南西北部的重镇——奠边府。随后,法军在奠边府投入了 21 个营和 11 个连的军队,并修建了据点和机场,将奠边府建成了一个大型的军事基地。1953 年 11 月,越军开始实施冬春季攻势。12 月,越南人民军解放莱州,奠边府之战一触即发。奠边府战役对于临危受命的纳瓦尔而言,是击垮越南人民军、争取未来和谈的主动权、体面地抽身东南亚战争泥潭的良机,而越南方面也希望打赢这次战役,取得全国的解放,彻底赶走法国人。

法军正向奠边府战场空投伞兵和补给品

图片来源:Warner Pathe News

1954年3月13日至5月7日，越军对驻奠边府法军发起进攻。3个月内，越军连续攻克了加布里埃尔（越方称为独立山高地）和比阿特丽斯据点（越方称为兴兰高地），全歼法军外籍军团两个加强营和一个伪军营。此后的1个月，法越双方开始了艰苦的拉锯战，各自损失惨重。1954年4月7日，美国总统艾森豪威尔提出了“多米诺骨牌”理论，认为印度支那陷落将导致缅甸、泰国、马来亚和印度尼西亚的陷落。在这种理论的支持下，美国试图向印度支那战场投入更多援助。然而此时法国已经不想继续陷在战争泥潭之中了，在美国内部以及联合国方面的反战压力下，美国的计划并未能彻底实行。5月1日开始，越军发动了总攻，并一鼓作气拿下了法军司令部，彻底粉碎了美国的阴谋。此役，越军歼灭法军1.6万余人，击落敌机62架，还活捉了法国守军司令德卡斯特莱少将，奠边府战役以越军的完胜结束。这也是日内瓦会议之前印度支那战场的最后一场最大规模的战役。

3.战争尾声

随着法国在奠边府的惨痛失利和越南人民反战情绪的不断高涨，各方对停战的呼声越来越强烈。迫于国内的政治压力，法国拉尼埃政府不得不要求召开国际会议，以求妥善解决印支问题。早在1954年年初，苏美英法四国便在柏林外长会议上达成协议：召开日内瓦会议共同讨论朝鲜问题和印支和平问题。4月26日，日内瓦会议开幕，来自23国的代表先后讨论了朝鲜问题和恢复印度支那和平问题，法国以新任首相皮埃尔·孟戴斯·弗朗斯为代表出席了会议。5月8日，法越双方基本实现了停火。7月20日，法国在日内瓦与北越、南越、柬埔寨、老挝签订了《印度支那停战协定》，其主要内容包括：结束在印度支那三国的敌对行动；与会国保证尊重越南、老挝和柬埔寨的独立、主权和领土完整并不干涉其内政；在北纬17度线以南、9号公路稍北划一条临时军事分界线，法越双方分别在分界线南北集结；印支三国分别举行全国范围的自由选举；印支三国保证不参加任何军事同盟或军事协定,禁止任何外国在其领土上建立军事基地等。[①]最终美国没有在协议上签字,但是发表了一份承诺不会以武力或用武力威胁妨碍日内瓦协定实施的单独声明。《印度支那停战协定》的签署标志着第一次印度支那战争的结束。

4.战争影响

第一次印度支那战争对于越南国内共产主义势力的壮大很有影响,这个影响将进一步改变越南国内的政治结构和未来印度支那地区的局势,使其脱离了被殖民的惨痛命运,其独立、统一与领土完整得到了国际的承认。同时,越南与周边的老挝、柬埔寨、中国等国构建了良好的外交关系。老挝和柬埔寨两国也获得了独立。

> **越南人民军**
>
> 越南人民军成立于1944年12月22日,最初为越南解放军宣传队(34人),历经抗法、抗美、解放南方、中越战争等战事不断发展壮大,先后建立起陆军、海军、空军、边防部队等军事部队。在法越战争期间,越南人民军常被称为"越盟"。在越南战争期间,该军则被称为"北越军队"或"越南人民军"。

对于法国而言,在印度支那战场上的失利成为法国殖民统治的一次重大失败。长期的战争使得尚未从二战中恢复过来的法国经济几乎崩溃,同时法国国内对于这次战争也爆发了诸多的抗议。战争结束后,法国结束了在越南的殖民统治,其在东南亚的影响进一步减少。

对于美国来说,其支持法国甚至试图亲自控制印支地区的计划遭遇了挫折,推迟了美国对印支直接进行武装干涉的脚步。

第一次印支战争表面上看是以苏联、中国为首的社会主义阵营的胜利。中国借此与北越建立起了友好的关系,获得了相对稳定的周边

① 袁文靖:《越南战争史》,国际现势周刊社,1977年,第4页。

环境，有助于新中国成立初期的国家建设。苏联也达到了缓和亚洲局势的目的。然而事实上，这次战争并未让资本主义国家势力完全退出这一地区，相反，分裂的越南为资本主义国家在东南亚的渗透提供了基地，老挝、越南也被资本主义政权所控制。

总体而言，第一次印度支那战争是二战后亚洲人民反对殖民统治、争取民族独立运动的重要组成部分。印度支那战争的胜利和日内瓦协议的签订是西方殖民主义势力在亚洲的一次重大失败，也是美国在亚洲推行“遏制”政策的一次失败。①

皮埃尔·孟戴斯·弗朗斯

皮埃尔·孟戴斯·弗朗斯(Pierre Mendès-France，1907-1982)，法国政治家，犹太人，毕业于巴黎政治学院。1954—1955 年任法国总理。当越南奠边府 1954 年 5 月被占后，他保证 30 天内结束法国在印支的战争，因而在大选中获得多数支持，于 6 月 17 日就任政府总理兼外交部部长。上任后，他即率法国代表团参加重新召开的日内瓦会议。在这次会上，他的诺言得到实现。由于中国、越南和苏联的努力，加上他的积极态度，通过一个多月的谈判，法国与印度支那各方于 7 月 20 日深夜签订了《印度支那停战协定》，从而使法国从深陷 6 年的印支殖民战争中解脱出来，并且为突尼斯实现自治铺平了道路。这一举措大大提高了他在公众舆论中的声望。

① 贺新城：《越南抗法战争与奠边府战役》，《军事历史》2004 年第 3 期。

【第一次印度支那战争——事件评价】

1. 局内人

(1)夏尔·戴高乐(Charlesde Gaulle)——法国前总统、将军、政治家

在这个地区(越南)插手干预是永远也脱不了身的。民族觉醒以后,任何外国势力,不管手段多么高明,都是站不住的……即使在当地找到几个政府领导人,他们由于自己的利益关系愿意服从你,可是人民不同意,人民要反对你们,你所宣扬的理想也没有用……我们法国人(在越南)是有经验教训的……我们应该对这个不幸的亚洲做的,不是在他们自己的土地上代替他们的国家,而是供给他们摆脱贫困和屈辱的东西,而贫困和屈辱恰恰是这些极权主义制度产生的原因。[①]

(2)约瑟夫·巴丁格(Joseph Buttinger)——奥地利政治家,吴庭艳的朋友,曾帮助南越难民

(第一次印支战争)展示了一个伟大的历史事实:一个被殖民的、弱小的民族一旦在斗争中站起来、团结起来,并决心为独立与和平而战,那么这个民族将完全有能力打败帝国主义国家的强大军队。[②]

---

① 戴高乐:《希望回忆录》,中国人民大学出版社,2005年,第259页。

② Buttinger, Joseph, *Vietnam: A dragon embattled*, Pall Mall Press, 1967, p.795.

2. 局外人

（1）尹鸿伟——著名记者、东南亚问题专家

奠边府惨败震动了法国朝野，法国下半旗为阵亡将士致哀，舆论一片抱怨、哀鸣。此战大捷，实现了周总理提出的“为争取外交上的主动，在越南打几个漂亮仗”的要求，使出席日内瓦会议的越南政府代表团不仅处在反侵略的正义立场，更居于战胜者的有利地位。包括柬埔寨、老挝在内的“印度支那”三国摆脱法国殖民统治，即由此发端。①

（2）梁志明——北京大学历史学系教授

在越南人民抗法战争中，奠边府战役被越南称为“奠边府大捷”，是1953—1954年整个冬春战役中关键性的一个战役……奠边府战役的胜利和老挝、柬埔寨两国抗战形势的发展，对日内瓦协议的签订和印度支那地区和平的恢复产生了至关重要的影响。它导致了以拉尼埃为首的主战派组成的法国内阁于6月18日下台，主张停战的孟戴斯·弗朗斯内阁上台……奠边府的胜利和日内瓦协议的签订，终于使美国好战集团企图把第一次印度支那战争延长和扩大成第二个“朝鲜战争”的图谋破了产，并且使它们敌视、包围中华人民共和国的政策遭到严重失败。

……

历史已经证明，法国从印支地区的撤退，标志着旧的殖民体系的瓦解和殖民主义灭亡是不可避免的。弱小国家只要坚持团结，坚持斗争，一定能战胜大国的侵略，赢得独立。历史还表明，强权政治和霸权主义是必然要失败的，用武力来解决国际争端是行不通的，国际争端可以用和平协商的办法求得解决，而和平共处五项原则是指导国际关

① 尹鸿伟：《奠边府：永远回忆胜利》，《南风窗》2002年第7期。

系的正确的行动准则。[1]

思考题

1.第一次印度支那战争和此后的越南战争有什么联系？

2.二战之后，法国针对其东南亚殖民地采用了怎样的对外策略？

3.奠边府大捷对于越南人民意味着什么？

延伸影片

1.《317 小队》(法国/1965 年)

2.《突击小分队》(法国/1957 年)

延伸阅读

1.[德]戈特弗里特–卡尔·金德曼：《中国与东亚崛起 1840—2000》(插图本)，张莹等译，社会科学文献出版社，2010 年。

2.张桂中编著：《惊撼世界的 100 场战争》(下)，学苑音像出版社，2006 年。

① 梁志明：《第一次印支战争的国际背景和美国因素》，《国际政治研究》2004 年第 3 期。

》| 欢迎来到东莫村

时代背景 1950 年

地域背景 韩国江原道东莫村

电影制作 韩国 / 2005 年 / 133 分钟

电影导演 朴光铉

电影编剧 张镇 / 朴光铉

电影主演 申河均 / 郑在咏 / 姜惠贞 / 林河龙 / 柳德

009《欢迎来到东莫村》——朝鲜战争

【《欢迎来到东莫村》——影片简介】

相比于前面沉重而血腥的战争电影而言,《欢迎来到东莫村》是清新脱俗的,不仅是因为电影里多了一个“神经兮兮”的女孩子,还因为本该是敌对双方的男人们被迫“互相帮助”,最后共同成为村庄的守卫者。

关于朝鲜战争的争论有很多,因而无论是谁,要拍摄以朝鲜战争为题材的电影都难免有偏颇之处。而《欢迎来到东莫村》这样的处理方式则最大化地隐去了战争中的孰是孰非,而将焦点放在了人性之上。在这部影片中,当两个韩国士兵、三个朝鲜士兵、一个美国士兵从刀剑相向逐渐成了合力保卫村庄的“战友”时,南北朝鲜之间的对立成了副线,和平与战争之间的矛盾冲突便成了真正的核心。当从未见过枪炮的淳朴村民遇到彼此仇视的士兵,当与世无争平和安详的生活面临战争与炮火的考验,是善与和最终战胜了恶与争。所以我们才能看到影片中三国士兵放下武器在村子里日出而作、日落而息,我们才可以看到他们最终为了保住这一份战火中仅存的和平而重归战场,并不惜牺牲自己。

可惜的是,历史早已注定,所以影片结尾只能默默地把画面调回军人们放下武器沉沉睡去的那一晚,傻傻的雨恰把花儿插在他们的头上,让观众将最美好的瞬间牢牢地留在心中。

【朝鲜战争——事件概览】

1.战争背景

根据《雅尔塔协定》,朝鲜半岛以三八线为界,由美苏两国共同托管。1948 年,美国人扶持李承晚在美占区成立了"大韩民国";苏联方面作为应对,在同年 9 月建立了"朝鲜民主主义共和国"。此后,两边都宣称自己才是朝鲜的"正统",三八线上,双方你来我往,摩擦不断,南北两个政府都忙着整军备战,以图统一朝鲜半岛。[①]

1949 年,中华人民共和国的成立彻底改变了远东的战略格局。此前, 美苏两大国都为国民党在中国建立政权做出了众多战略部署,然而共产党的胜利使得双方不得不做出战略调整。《中苏友好同盟互助条约》签订后,远东地区共产主义势力大为加强,在美苏冷战的背景下,斯大林开始重新思考朝鲜在其战略中的作用。如果朝鲜胜利,则苏联在中国"丢失"的利益可以从朝鲜半岛找回来——仁川和釜山可以替代大连和旅顺港,并且苏联可以通过朝鲜半岛继续影响东北,同时驻扎于日本的美军也将失去一大块战略纵深;而如果朝鲜失败,则中苏两国都将直接面临来自资本主义势力的威胁。重重考虑之下,苏联对于朝鲜方面表示了支持,朝鲜战争由此爆发。[②]

2.战争经过

(1)战争爆发

1950 年 6 月 25 日凌晨,朝鲜战争爆发。由于大韩民国国军缺乏

---

① 张民:《论朝鲜战争的起因和结局》,《党的文献》2001 年第 2 期。

② 沈志华:《中苏同盟、朝鲜战争与对日和约——东亚冷战格局形成的三部曲及其互动关系》,《中国社会科学》2005 年第 5 期。

准备,朝鲜军势如破竹。短短4小时内,朝军的坦克和步兵就突破韩军防线,直逼汉城(今首尔)。

美国对此反应十分迅速:6月26日,美国总统杜鲁门命令驻日本的美国远东空军协助韩国作战,并在第二天再度命令美国第七舰队驶入基隆、高雄两个港口,在台湾海峡巡逻,阻止中国人民解放军渡海进攻台湾。美国驻联合国代表向安理会提交了行动议案,授权组成联合国军队帮助韩国抵抗朝鲜军队的入侵。联合国军以美军为主导,其他15个国家也派小部分军队参战,与韩国国军一起接受麦克阿瑟上将的指挥。

(2)中国人民志愿军参战

在美国操纵联合国安理会通过关于进军朝鲜的决议之后,中方屡次表示反对,并提出了和平解决朝鲜问题的基本条件,要求朝鲜问题由朝鲜人民自己解决。同时在中国国内,老百姓也通过和平宣言签名等活动表达对美军干涉朝鲜内战的不满。为了应对美军的进一步行动,中国组建了东北边防军。[①]1950年8月27日开始,美军飞机不断进入中国领空,并于当日在中国东北境内的辑安、临江和安东地区进行轰炸和扫射,导致3名中国居民死亡,多人受伤。对此,周恩来以中国外交部部长的名义致电美国国务卿艾奇逊,提出严重抗议。同时,周恩来也多次致电联合国,要求制裁美国的挑衅和残暴行为。然而美军并未有丝毫的收敛,反而于9月22日再次轰炸了中国城市安东,严重威胁中国的领土安全。[②]

另一方面,原本秣马厉兵准备解放台湾地区的中国政府,因美军于1950年6月27日进入中国台湾海峡,不得不做出战略调整,将注意力放到朝鲜战场。对中国而言,只有将战争控制在三八线外,东北

① 齐德学:《抗美援朝战争史》(第一卷),军事科学出版社,2000年,第47~75页。

② 同上,第86~89页。

的主权才有根本性的保障。1950 年 10 月 8 日，在朝鲜政府的请求下，毛泽东主席决定“抗美援朝、保家卫国”。彭德怀受命担任抗美援朝司令员兼政治委员，于 1950 年 10 月 19 日率领志愿军进入朝鲜。

米格走廊

米格走廊是美国空军对朝鲜鸭绿江入黄海口的附近区域的称谓，是历史上第一次出现大规模喷气式飞机对战的地方。在朝鲜战争中，美军的 F-86 军刀战斗机多次与苏联的米格-15 在此地发生遭遇战，这一地区因而获得了米格走廊的称号。美方一度以为“米格走廊”上的驾驶员是中国人民志愿军空军，事实上是苏联作为空军主力秘密参战。出于保密考虑，苏军飞行员的作战区域被限制在平壤—元山一线与西海岸线之间。联军通过监听无线电通信获知了苏联的介入，不过整个朝鲜战争期间联军方面也选择缄默的态度，以免战事扩大。

(3)战事胶着的相持阶段

中国军队进入朝鲜之后的三个月内，虽然遭受了巨大的损失，但战局上仍占据主动。1951 年 1 月，志愿军在联合国的海陆空全面进攻下，放弃仁川和汉城(首尔)，全线被迫后退了 100 多千米，撤回到了三八线以北。但联合国军亦付出了 7.8 万人伤亡的惨重代价，无力继续前进，双方在三八线附近对峙。经过短暂休整，1951 年 4 月 22 日，中国人民志愿军发动第五次战役，随之遭到联合国军的猛烈反扑。联合国军第二次跨进三八线，但在中朝军民的死守下，联合国军每推进一千米都要损失近千人。进入 5 月，双方仍然在三八线附近拉锯。面对僵局，1951 年 7 月 10 日，双方终于同意停火，坐到了谈判桌前。[①]

① 齐德学：《抗美援朝战争史》(第三卷)，军事科学出版社，2000 年，第 1~4 页。

3.正式停战

为了能在谈判桌上握有主动权，联合国军和韩军于1951年8月至10月先后发动两次攻势，分别进攻朝中军队的西线和东线防线。朝鲜人民军和中国人民志愿军转入防御。经过两个月的激战，联合国军占领了646平方千米的土地，平均推进约2千米。于是，停战谈判在1951年10月25日重新恢复。1951年10月30日至11月下旬，志愿军发起局部反击战，收复土地178平方千米，并巩固了开城地区的防御。11月27日，谈判取得进展，双方就军事分界线及非军事区问题达成协议："以双方现有实际接触线为军事分界线，双方各自由此线后退两千米以建立停战期间的非军事地区。如军事停战协议在本协议批准后30天之后签字，则应按将来双方实际接触线的变化修正上述军事分界线与非军事区。"

1953年4月26日，停战谈判恢复。1953年6月8日，战俘遣返问题终于达成协议。1953年7月27日上午10时，在板门店，朝、中、美三方签署了《朝鲜停战协定》及《关于停战协定的临时补充协议》的停火协议。从7月27日22时起，一切敌对行动完全停止。

4.国际影响

朝鲜战争的过程及结果对东北亚冷战格局的形成起了催化的作用，中华人民共和国迅速崛起，成为在东北亚事务中发挥重要作用的国家。朝鲜作为直接受援国，在战争中经历了血与火的考验，加深了与中国人民的感情。从中朝关系发展史上来看，在朝鲜半岛问题上，中国拥有更多的发言权，从而确立了中国在东北亚地区的特殊地位。1961年，朝鲜同中国、苏联正式签订了《中朝友好合作互助条约》和《朝苏友好合作互助条约》，于是以苏联为中心的北方三角同盟正式形成。

美国一直视共产主义为其领导的自由世界的威胁和挑战。于是，美国为构建遏制"共产主义扩张"的亚洲军事防线，以朝鲜战争为契机，决定将日本建成东北亚的反共基地，积极主动地与日本妥协。与此同时，朝鲜战争的爆发使日本增加了对美国的军事依赖，通过签订《日美安全条约》和《保障安全条约》而签订的“行政协定”，把自己纳入美国的远东战略轨道。1965 年，日本又同韩国签订了《日韩基本条约》，实现了日韩邦交正常化。美国为了进一步加强其主导下的东北亚安全体系，在朝鲜停战协定墨迹未干之时，于 1953 年 8 月 8 日同韩国签订了《韩美共同防御条约》。该条约的签订表明美国进一步将东北亚的军事同盟关系扩大到朝鲜半岛，南北之间的分裂更加严重。

【朝鲜战争——事件评价】

1. 局内人

贝文·亚历山大（Bevin Alexander，1929— ）——朝鲜战争期间为美陆军部派驻前线的战史分遣队队长，美国著名军事历史学家、军事战略专家，后任教于美国弗吉尼亚大学

在美国高层领导人的心灵深处和私下商讨中，却有一种深深的受挫感，这种情感因无法向公众透露而变得特别强烈。他们明白，本来 1951 年就可取得的和平却延至 1953 年才最后得到。他们知道两年间所受到的一切痛苦、牺牲和损失通通都是无谓的，1953 年的最终停火线和 1951 年的几乎没有多大差别，1953 年美国所接受的条件两年前也许就有可能达到。

这且不说，尽管美国公众很少有人了解真实情况，但美国领导人却心中有数，他们曾计划征服“北朝鲜”，使之与李承晚的“南朝鲜”合并，而这一计划却被红色中国挫败了。1950 年 9 月仁川登陆后，美军又入侵"北朝鲜",其唯一原因便在于此。美国领导人知道,遭到失败后进行的战争实质上是一种没有目的的战争,但公众却鲜有人知。

……

最令人感到沮丧的是,红色中国人用远远落后的武器和原始补给系统居然遏制住了拥有大量现代技术、先进工业和尖端武器的世界头号强国美国。

1951 年担任参谋长联席会议主席的布莱德雷曾经说过一句非常有说服力的话:同红色中国的冲突将会是一场同"错误的敌人"进行的"错误的战争"。①

仁川登陆

仁川登陆是朝鲜战争中一场决定性的进攻及战役。在仁川登陆的构想是麦克阿瑟在朝鲜战争爆发第四天视察韩国战场后提出的。麦克阿瑟认为,朝鲜人民军将会把韩国国军从首尔击退,只有在朝鲜军队后方实施决定性的军事行动才能令局势改善。但是美军上层领导对于登陆地点的选择一直存在重大分歧。仁川的地理、地形和海象方面的条件也完全不适合登陆作战——美海军当时的扫雷能力有限。虽然有这些障碍,麦克阿瑟仍旧坚持在仁川展开登陆作战。1950 年 9 月 15 日 6 时 30 分,美国第 10 军的先头部队在月尾岛北部的绿滩登岸,全岛在日出前被占领。登陆红滩的美国海军陆战队第 5 团使用梯子爬越海堤作战,当压制了朝鲜军之抵抗后,他们开放了通往月尾岛的堤道,令坦克可以从绿滩加入战斗。由切斯特·普勒指挥的美国海军陆战队第 1团在远离之前两个海滩南面的蓝滩登陆,破坏性的炮轰及轰炸压制了朝鲜军的防守,当他们最后到达时,在仁川的朝鲜军已经投降。仁川战役令朝鲜人民军腹背受敌,被迫后撤。联合国军和韩国军队开始反攻。9 月 26 日,骑兵师的林奇特

① [美]贝文·亚历山大:《朝鲜:我们第一次战败》,郭维敬等译,中国社会科学出版社,2003 年,第 189 页。

遣队以坦克连为先导,在 1 天中疾驰 106 英里(约 170 千米),与阿尔蒙德的部队在水原附近会合,至此仁川战役基本结束。

2. 局外人

(1)亨利·艾尔弗雷德·基辛格——美国前国务卿

朝鲜战争的全体交战国家都得到重大教训。美国在承担起一个时代的世界领袖责任之始,虽然挺费力,却通过了第一道考验。美国人的天真,另一面也就是他们格外的使命感,竟然在一场没有结果的战争中,导致了自己子弟将近十五万人的伤亡。朝鲜半岛的危机导致了欧洲方面的实力增强,成立了北大西洋公约组织,因而能够有更大耐力进行冷战竞赛。但是美国也付出了代价,东南亚和其他地方的革命领袖发现一种战术,既可避免大规模的地面战斗,又有能力消耗一个超级大国的决心。

……

尽管在物质方面相当劣势,中共却能够透过军事、外交交互运作,与美国相持不下。但是它也经历了正面迎战美国军力,苦头不小。冷战期间,中、美之间再也没发生军事冲突。苏联对北京的支援不干不脆、算计精明,也种下中、苏失和的种子。

朝鲜战争最大的输家是苏联,美国领袖认定它躲在幕后策划出整套把戏,"北韩南侵"后两年内,美国就把西方阵营动员起来。美国的国防军费支出增加三倍,北约组织也由政治结盟转变成由美国将领担任统帅的整合军事组织。德国的重新武装已经在望,甚至有人主张建立一支欧洲部队。苏联陆军在中欧遇到的真空状态已经被填充补实。即使有人主张,美国在韩国应该可以有更大收获,苏联此后的成就感指标却是如何减轻损失程度,或是在日后蛊惑其他的共产党冒险家在别的地方,尤其是中南半岛滋事。但是毋庸讳言,由于盟国重新武装,强化团结,权力均势多少已倒向盟国这边。[①]

(2)王树增——中国著名军旅作家

士兵,战争中最普通、最重要、最大数量的人,他们成为我写作《朝鲜战争》的唯一动因。那些在极其艰苦的战争条件下进行了举世无双的英勇战斗的志愿军战士,即使时光过去了半个多世纪,他们依然值得我为他们动人的生命故事而歌而泣:他们曾穿着单衣埋伏在寒冷的盖马高原上,然后开始徒步追击美军的坦克;他们曾一波倒下第二波跨过尸体继续冲锋,哪怕战斗到仅剩一人;他们曾在大冰河边一个接一个用身体滚过雷区,为冲击的部队开路……每一个人都那么年轻,却牺牲得惊天动地,他们值得今天生活在和平与幸福中的所有中国人记住:记住我们这个民族曾有过如此优秀的儿女,记住我们这支军队曾有过如此不屈的精神。我们必须记住,因为他们与我们血脉相连,他们与我们走在同一个民族的历史里。

战争的历史值得阅读,是因为这种历史能够催生伟大与光荣。朝鲜战争的历史是上百万志愿军官兵用生命写就的,这样的历史令我在写每一个字的时候都心生敬重。我常常在写作中不由得搁笔长叹,想及今天我们的国家和我们的民族一旦面临危机的时候,年轻人能否像当年的志愿军官兵一样奋不顾身挺身而出?是否能像当年的志愿军官兵一样面对最惨烈的战斗英勇无畏?对于《朝鲜战争》的写作而言,生动地记述一场战争的历史很重要,深刻地记述战争中一个民族的精神历史更重要。因为前者是"昨天"的事情,而后者会在今天传承,并将影响到我们的明天。我力图让今天的读者在《朝鲜战争》中因为祖国、民族、理想、精神、信念、意志等因素,与他们的前辈相识相知,重温一个

---

① [美]基辛格:《大外交》,顾淑馨等译,海南出版社,2012年,第442~443页。

人、一支军队、一个民族无论什么时候都需要的不屈的精神。还有那位令全世界瞩目的中国人民志愿军司令员彭德怀,我曾反复阅读他后来身陷囹圄时写下的关于朝鲜战争的“交代材料”。这位为了新中国浴血奋战了一生的人,他所经历的是我们许多人根本没有勇气和力量承担的。这就是构成历史的不同寻常的内容,是历史事件中最值得书写的那部分内容。①

思考题

1.朝鲜战争的爆发是由哪些因素导致的?

2.朝鲜战争对当时的国际局势产生了怎样的影响?

3.苏联在朝鲜战争中扮演了怎样的角色?

延伸影片

1.《钢盔》(美国/1951 年)

2.《太极旗飘扬》(韩国/2004 年)

延伸阅读

1.Lowe, Peter. *The Korean War*. Macmillan, 2000.

2.Lee, Steven Hugh, *The Korean War*. Routledge, 2013.

① 王树增:《朝鲜战争》,人民文学出版社,2009 年,第 3 页。

野战排

时代背景 1967 年

地域背景 越南西贡

电影制作 美国 / 英国 / 1986 年 / 120 分钟

电影导演 奥利佛 · 斯通

电影编剧 奥利佛 · 斯通

电影主演 威廉 · 达福 / 查理 · 辛 / 汤姆 · 贝伦杰 / 凯斯 · 大卫

010《野战排》——越南战争

【《野战排》——影片简介】

法军在越南遭遇的挫折并未吓走美国，相反，法军撤走后，美军迫不及待地“接手”了这片硝烟弥漫的土地，而结果众所周知——美国也陷入了泥潭。《野战排》的故事就发生在这片泥潭中。

19 岁的克里斯·泰勒到越南后，被编在一个步兵排里，在毗邻柬埔寨边境的热带丛林里执行任务。泰勒所在的步兵排里有各种各样的人，但参加越南战争的人大多生活在社会底层，他们不知道战争的真正目的，自以为是为了解救当地的苦难人民。当然也有人在残酷的战争中发生了人性的扭曲，滥杀无辜、钩心斗角。糟糕的战局中，战士们的心里同样是一团乱麻。在机械的杀戮中，新兵泰勒报效祖国的理想日渐淡薄，并开始思考战争的意义。

《野战排》发行于越战刚刚结束的 19 世纪 80 年代，导演奥利佛·斯通也曾走上越南战场。在第 59 届奥斯卡颁奖礼上，该片荣获最佳影片和最佳导演两项大奖。可以说，电影很大程度上还原了战争中的非人性行径：扫荡村落、屠杀无辜、强奸幼女、三光政策。但电影里的老兵们说，这就是越战，这就是在越南的生存之道。战争残酷如此，我们仿佛可以看到那些“恶”在年轻的士兵们心中纠缠着、撕咬着，成为贻害一代人的“越战综合征”。

【越南战争——事件概览】

1.战争背景

越战爆发于冷战的国际背景下，是以美苏为首的资本主义阵营和社会主义阵营“冷对抗”下的一次“热冲突”。

二战结束以来，美苏争霸的局面逐渐形成，世界也被分割为社会主义和资本主义两大阵营。在印支地区，越南、泰国、缅甸等国家都处在政权变革的关键阶段，共产党在印支地区的存在将左右两极世界的战略力量。因此美国对于越南的局势保持高度关注。早在1948年秋，美国国家安全委员会第48-1号文件就指出，如果共产党在东南亚再取得胜利，苏联集团的势力将大大加强，西欧各国或许被迫与苏联议和。此后，在1954年，美国总统艾森豪威尔还提出了著名的“多米诺骨牌效应”，即一旦越南被共产党控制，老挝、缅甸、泰国都有可能落入共产党的手中，美国在亚洲的存在将受到巨大的挑战。在此背景下，美国的对越政策开始转向“积极干涉”，并立足于减少共产主义在该地区的影响，从而保证对苏联的遏制。

此外，美国对越南的介入也是推行大国霸权主义的需要。二战后，欧洲诸强元气大伤，而随着美国相对实力的膨胀，其外交政策也逐渐带上了扩张和干涉的霸权主义色彩，美国认为任何地方的外交失败都可能对美国至关重要的国家利益构成严重的威胁。因此，越南战争对于美国来说是维护盟国关系、保障美国国际地位的必要举措。

2.战争过程

为了建立起与越共对抗的据点，1955年至1960年期间，美国政府试图在南越扶植起以吴庭艳为总理的亲美民主政权。1955年1月起，美国将“美驻印支军事顾问团”改为“美驻南越军事援助顾问团”，向南越吴庭艳政府大量增派军事顾问，支持吴庭艳集团“控共”“灭共”，屠杀南越共产党员。

1959年，越共中央委员会决定武装统一越南，并派遣大量军事人员前往南越实施武装颠覆。1960年1月17日晚，槟椥省人民发动武装起义，攻占了敌人的一个据点，标志着南越人民战争打响了第一枪。1960年12月20日，越南南方民族解放阵线成立并发布十点纲领，号召成立一支人民的军队，推翻美国在越南南方的统治，建立民族民主联合政府，在南方实现独立民主、改善民生、和平中立，进而和平统一全国。

特种战争

1961年2—3月间美国肯尼迪政府在研究“防御”计划和“军事援助”方案时首次提出了特种战争，用以对付亚非拉地区人民争取民族解放的武装斗争，特别是游击战。所谓特种战争，即由美国出钱出枪派顾问，训练当地军队，以游击战对付北越的游击战。美国在1961—1964年在越应用了“特种战争”模式来打击越南武装力量。1961年5月，美国与南越吴庭艳政府签署的“联合公报”标志着特种战争的开始。1964年底南方军民在巴地省取得的平也大捷标志着“特种战争”的破产。

1961年，艾森豪威尔下台，肯尼迪接任美国总统，开始在越南发动所谓的“特种战争”。是年5月，为了进一步帮助吴庭艳政府，美国副总统约翰逊访问西贡，并签署了第52号《国家安全行动备忘录》，承诺帮助南越扩军、派遣特种兵帮助训练、并批准隐蔽行动等。[①]与此同时，美国还试图推行以解除民族解放阵线群众基础为目标的“战略村”计划。这些战略村的设置主要包括：基本的教育、医疗扶助、完善的行政、民主体系，以及严密的

① Adamson, Michael R, Ambassadorial Roles and Foreign Policy: Elbridge Durbrow, Frederick Nolting, and the U.S. Commitment to Diem's Vietnam, 1957–1961, *Pacific Studies Quarterly* Vol.32, 2002.6, p.247.

安全、防御措施。尽管在建立初期，战略村对民族解放组织产生了一定的影响，但是随着越南北方军民转变战术，逐个捣毁战略村割裂军民的效果越来越差。到 1963 年，2500 个战略村遭到摧毁，这一消耗了美国大量人力物力的计划也彻底失败。①

在战局不利的情况下，南越政权内讧也不断加深。美国随后策划军事政变推翻吴庭艳，而杨文明、阮庆等军人相继上台执政，继续与北越军民纠缠。

肯尼迪遇刺后，副总统约翰逊接任美国总统一职，并开始逐步调整越战战略。1964 年 7 月，东京湾事件爆发，成为越南战争的重大转折点。北越和美国双方都把它看作对方的蓄意攻击，并做出了强硬反抗。除了游击队的报复性攻击，北越还首次派出了正规军——第 325 师进入南越领土集结。同时，美国军队开始对越南实行"饱和轰炸"和"焦土政策"，大量的军力投入使其在越战泥潭中越陷越深。8 月 6 日，美国国会通过《东京湾决议案》，授权总统以他的判断"采取一切必要措施——包括使用武装部队——去援助东南亚集团防御条约中的任何一个为保卫其自由而请示支援的成员国或条约签字国"。这事实上给予了总统约翰逊在不经宣战的情况下发动战争的权力。

1965 年 3 月 8 日，第一批 3500 名美国海军陆战队队员在岘港登陆。随后，美军开始在西贡设立正式的作战指挥所，美国在越南的"特种战争"升级为"局部战争"。此后，美国不断向越南增

东京湾事件(北部湾事件)

1964 年 7 月 31 日，南越海军派出军舰，从岘港出发，炮轰了北越北部湾的两座岛屿。8 月 2 日，在炮击海域附近巡逻的美国驱逐舰"马多克斯号"称在离海岸 30 海里的国际水域内遭到 3 艘北越鱼雷艇袭击，并在航母"提康德罗加号"的支援下击沉其中一艘。美国政府发表

① 汪堂峰：《试论美国和原南越吴庭艳伪政权的战略村计划及其失败》，《东南亚纵横》2003 年第 5 期。

兵，到了年底，美军在越人数已高达18万4千人。1965年至1967年，美国相继发动两次旱季攻势，到1967年年初，美军驻南越境内的总兵力已近47万人。与此同时，约翰逊大规模提升空中作战，以“滚雷行动”对北越进行轰炸。虽然在一定程度上打击了北越军队，但是越共领导的北越军队和越南人民并未因此放弃抵抗侵略、实现国家统一。1968年1月底，越共投入约8万军队，发动了规模空前的“春节攻势”，向西贡、顺化等大中型城市和美军事基地展开猛攻，取得显著战果。美国方面，战局的被动使得约翰逊不得不于3月底宣布逐渐暂停对越北方的轰炸。战事失利，加之国内反战情绪高涨，也迫使约翰逊放弃了下任总统的竞选。

声明称遭到挑衅，并于8月4日派“马多克斯号”与“特纳·乔伊号”驱逐舰向北巡逻。美军借此事件，以轰炸北越海军基地作为报复，是为“东京湾事件”。

1964年8月7日，即东京湾事件发生3天后，美国国会即通过《东京湾决议案》，授权总统以他的判断动用包括武力在内的一切行动来应付此事件。这实际上允许了美国总统可以不用正式宣战而发动战争。

美军用凝固汽油弹轰炸越共游击队的建筑

图片来源：美国国家档案和记录管理局

1969年1月,尼克松宣誓就职第37任美国总统。迫于国内反战压力,尼克松在越战问题上开始采取所谓的“战争越南化”政策,通过越南政权的对立控制越南局势,从而让美军得以从南越撤出。1972年3月,越共为了乘胜追击,发动所有北越军队,展开大规模的“复活节攻势”。为了应对越共进攻,尼克松下令出动B-52轰炸机对北越大中型城市、军事设施进行全面轰炸。对于北越来说,此次攻势进展并没有像“春季攻势”那样顺利,越共军队损失惨重,时任越南人民军司令武元甲也因为军事指挥不力被撤销了职务。

军事上的失败以及来自北越内部及中国和苏联的压力迫使北越重新回到了谈判桌前。1973年1月27日,美国与越南在巴黎正式签订了《关于在越南结束战争、恢复和平的协定》。驻越美军作战部队在两个月内全部撤出, 美军在越南为时12年的军事行动由此画下了句号。美国军事力量从南越撤出后,南越与北越之间仍然战事不断,1975年北越对南越阮文绍政权发动总攻,彻底将其击溃,完成了南北统一。

越南战争期间,美国共计向越南投下了约800万吨的炸弹,远超二战期间各个战场投弹量的总和,共造成越南160多万人死亡。美国方面超过5.8万人丧生,30多万人受伤,共耗资约四千多亿美元。[①]10多年的战争给越南这片土地带来了无尽的苦难,也给无数的美军家庭造成了永久无法弥合的伤痛。

3.战争影响

美国在越战中的失利不仅有自身战略上的失误,也与南越政府这个扶不起来的“阿斗”有关。但不管如何,美国必须承受这样的挫折。

就国内而言,美国的反战浪潮导致了剧烈的社会动荡,进而引发了深刻的政治危机。正如尼克松在1968年8月接受总统候选人提名时描述当时美国国内的紧张局势那样:“当我们注视着美国时,我们看

① 方连庆等:《国际关系史》(战后卷),北京大学出版社,2006年,第372~376页。

见的是烟火弥漫的城市……世界上最大的国家被四年的越南战争捆住了手脚，而且看不见这场战争的尽头，世界上最富裕的国家不能管理自己的经济。具有深厚民主传统的国家受害于从未有过的非法行为、种族骚乱和混乱状态。"①

就美国外交而言，越战的失败一方面使其饱受国际舆论的指责，另一方面也加速了其霸权地位的衰落。20世纪70年代，美国实力的相对下降给了苏联以可乘之机：勃列日涅夫上台后，苏联着重发展军事工业，尤其是强化战略核打击能力，并开始建立反弹道导弹系统。1969年，苏联在洲际导弹数量方面已基本与美国相当，美国在与苏联争霸中逐渐步入"守势"。与此同时，世界多极化趋势愈加明显：资本主义阵营内部的欧洲国家和亚洲的日本开始走出二战的废墟，逐渐复兴，成为国际舞台上不可忽视的力量，在一定程度上削弱了美国的霸权。面对新的形势，美国开始调整其外交方针，以全球范围内的战略收缩为主要内容的尼克松主义继承了杜鲁门主义，成为主导美国70年代外交的战略方针。总而言之，越南战争是美国世界霸权衰落的一个重要转折点。

【越南战争——事件评价】

1.局内人

(1)罗伯特·S.麦克纳马拉(Robert Strange McNamara，1916—2009)——1961—1967年任美国国防部长

我们的经济由于多年沉重和不适宜的战争支出受到了严重损害，我们社会的政治统一遭到破坏，几十年都不会恢复。他"不得不带着痛

① 刘亚东：《越南战争与美国霸权地位的衰落》，《国际政治研究》1991年第4期。

苦和沉重的心情坦白承认：我根据我的判断，事后证明我们错了，我们过高估计了失去越南对西方安全的影响”。他还说：我们低估了民族主义的力量，它们可以鼓励人民为它们的信仰去战斗，并付出牺牲。今天，在世界上的许多地方，我们仍然在重复类似的错误。①

罗伯特· S. 麦克纳马拉

罗伯特·S. 麦克纳马拉，美国著名政治家、经济学家，曾于1961—1968 年出任美国国防部长，1968—1981 年出任世界银行行长。他在任职国防部长期间，极力主张升级对越作战，因此也有人将越南战争称为“麦克纳马拉之战”。自 1968 年入主世界银行后，他一直致力于帮助发展中国家，在全世界范围内削减贫困。然而不管是在国防部还是世界银行，麦克纳马拉的积极尝试都未能取得显著的成效。

（2）亨利·基辛格（Henry Alfred Kissinger，1923—）——前美国国家安全顾问、国务卿

基辛格曾因主导结束越战的谈判获得了 1973 年诺贝尔和平奖，

越南战争是二战结束后美国对外军事行动中最有争议的战争。由于其巨大的争议性，基辛格博士将这场战争称之为美国历史上的“黑洞”。因为越战让美国人无论是忘记“仇恨”还是忘记“失败”

① [美]罗伯特·S.麦克纳马拉：《回顾越战的悲剧与教训》，陈丕西译，作家出版社，1996年，第 328~343 页。

都一样的困难,“为这段深陷泥潭的岁月付出了太多的光阴”,从而极大地浪费了美国的战略资源。“如果不论战争的政治结局,单就战争造成的后果来说,越南战争没有胜利者,越南战争让美国人付出了巨大的代价;另一方面,越南至少有1/10的人口死于这场战争,也给越南人民留下了痛苦的记忆。”①

2. 局外人

(1)梁志明——北京大学历史学系教授、中国东南亚研究会学术顾问

历史已经证明,在国家要统一、民族要解放的时代,殖民主义和新殖民主义的失败都是不可避免的。弱小国家只要坚持团结,坚持斗争,一定能战胜大国的侵略,赢得独立、解放和统一。

历史还表明,强权政治和霸权主义是必然要失败的,用武力来解决国际争端是行不通的,国际争端可以用和平协商的办法求得解决,而和平共处五项原则是指导国际关系的正确的行动准则,也是1954年日内瓦会议和1955年亚非会议所倡导的精神。在冷战已经结束的当今世界,国际格局发生了深刻的变化,但和平与发展是世界的潮流。在当前,抛弃过时的冷战思维,发扬和平协商的日内瓦精神,坚持和平共处五项原则和万隆会议十项原则,树立维护国际和平与安全的新观念仍是我们共同的责任,这也是我们从越南战争历史中得出的重要启示。②

---

① [美]亨利·基辛格:《基辛格越战回忆录》,慕羽译,海南出版社,2009年,第11页。

② 梁志明:《越南战争:历史评述与启示》,《东南亚研究》2005年第6期。

（2）汉斯·摩根索（Hans J. Morgenthau,1904—1980）——美国政治学家、国际法学家、国际关系现实主义理论大师

这是一场政治上没有目标、军事上不能获得胜利及道德上负债的战争，它侵犯了美国的立国原则，损害了美国在本国人民和世界人民心中的形象。这是一场由革命国家发动的反革命战争，也就是由杰斐逊和林肯的国家发动的梅特涅式的战争。越南战争是美国十字军精神的顶峰，也是美国对外关系史上最不光彩的一页，更是美国政治文化堕落的必然结果。

美国发动越南战争就如同古代雅典的西西里远征，后者是雅典的终结，越战对于美国来说则是一场灾难；雅典为它的不可一世付出了代价。历史上那些滥用武力的国家无不以失败而告终，美国也同样如此。[①]

思考题

1.越南战争爆发的原因是什么？

2.越南战争对于美国来说真的是一个“泥潭”吗？

3.越南战争为后来的美国外交政策带来了什么影响？

延伸影片

1.《现代启示录》(美国/1979年)

2.《全金属外壳》(美国/1987年)

① 史文涛:《现代版的“西西里远征”:摩根索对越南战争的批判》,《外交评论》(外交学院学报)2013年第4期。

延伸阅读

[美]卡尔·马兰提斯:《美国人眼中最真实的越南战争》,胡坚译,华东师范大学出版社,2014 年。

惊爆十三天

时代背景 1962 年

地域背景 美国 / 古巴 / 苏联

电影制作 美国 / 2000 年 / 145 分钟

电影导演 罗杰 · 唐纳森

电影编剧 大卫 · 塞尔弗

电影主演 凯文 · 科斯特纳 / 布鲁斯 · 格林伍德 / 迪兰 · 巴克

011《惊爆十三天》——古巴导弹危机

【《惊爆十三天》——影片简介】

许多读者想必已经在不止一部电影中看到这样的画面——美国总统打开手提箱,把手放在一个红色按钮上,只要他按下去,毁灭性的核武器就会腾空而起。然而大家未必想到的是,在历史上,这个按钮离按下真的曾经只有几公分之遥。

1962 年 10 月 14 日, 一则由飞临古巴上空 U-2 侦察机所拍摄照片中透露的情报信息,引发了一场当时世界两个超级大国——美国与苏联之间的空前危机。美国情报官员在这组情报资料中发现了苏联正在古巴部署的足以摧毁全美各大城市的中程导弹。这次危机使美国陷入了空前的恐惧, 也将整个世界推向了核灾难的边缘。所幸的是,10月 28 日,在美苏双方达成妥协后,危机最终解除。而《惊爆十三天》这部电影就重现了这危机重重的惊天十三日。在和平与发展已经成为国际社会主流的今天,我们可能不太能够体会到那个时代的那种箭在弦上的紧迫感与危机感,只能通过这部电影的叙述来感受第三次世界大战一触即发,人类的文明将会遭受严重打击的极速心跳。

电影对于肯尼迪的心理描写入木三分,全世界的和平、全人类的安危都系于其身,这不是一般人所能承担得起的历史责任。当然影片也再次宣扬了美国式英雄主义,彰显了出于道义的美国总统为全人类的利益而进行的妥协,并且在电影最后借苏联大使的口说出了对肯尼迪的赞扬之语。

但是抛开政治宣传,我们应当看到,在“互相保证毁灭”的战略已经成型、综合国力决定一切的核时代，只有增强国家的各方面实力，才是外交上真正强硬的基础。国家间应有最基本的相互信任，在没有信任、充满敌意的状态下，军事热线的设立是一个十分必要的缓冲沟通措施。而核武器只要存在一天，悬在人类头顶上的达摩克利斯之剑就会存在一天，伴随着时而缺乏理性的国际关系，世界和平之路依然漫长。

【古巴导弹危机——事件概览】

1962 年，苏联在古巴部署导弹，从而引发了冷战期间一场世界性的政治危机和军事危机。在危机爆发的十三天内，美苏双方枕戈待旦，几乎动用核武器，将人类置于空前的危险之中，事件以双方的妥协而告终。这次危机史称"古巴导弹危机"，它对于冷战格局的影响是巨大的，同时也引起了人们深刻的反思。

1.事件背景

（1）国际上

二战结束后，美苏两国矛盾激化，冷战格局形成。20 世纪 50 年代，苏联也拥有了核武器，美苏之间形成了相互的核威慑。尽管如此，由于两国相隔较远，双方都有能力在充足的预警时间内采取反措施。为此，美国于 1959 年在意大利和土耳其部署了中程弹道导弹，这对苏联的国家安全造成了极大的威胁，从而成为古巴危机的导火索。

（2）古巴方面

1959 年 1 月 1 日，菲德尔·卡斯特罗领导古巴人民推翻巴蒂斯塔独裁政权，取得了人民革命的胜利。新政权成立初期，美国试图把古巴纳入美国的势力范围，巩固它在拉美的统治基础，因而欢迎卡斯特罗，美古关系尚可。

1959 年,随着古巴政府的重组,古巴的国内政策开始走向激进。卡斯特罗在古巴推行土地改革,并镇压反革命,这使得美国公司的利益受到严重损害。美国试图通过政治和经济施压来迫使古巴改变政策,然而古巴方面对美国的封锁政策并不买账,两国之间的关系逐渐恶化。1961 年 1 月 5 日,美国宣布与古巴断绝外交关系,并对古巴进行经济制裁。同年 4 月 15 日,美国中情局策划了臭名昭著的“猪湾事件”,上千名雇佣军登上古巴猪湾,企图暴力推翻卡斯特罗政府。但在 72 小时之内,入侵者即被击退。

猪湾事件

“猪湾事件”发生于 1961 年 4 月,指美国雇佣军突袭古巴失败的行动。

1959 年 1 月,卡斯特罗领导的古巴人民推翻了美国长期扶植的巴蒂斯塔政府,建立了新的革命政权。出于对共产主义的担忧以及对既有利益受损的不满,美方决定出手颠覆卡斯特罗政权。美国中央情报局从 1960 年开始纠集古巴流亡分子、训练雇佣军,并利用情报人员在古巴内部发展势力,伺机登陆古巴、推翻政权。1961 年 4 月 4 日,新上任的肯尼迪总统批准了中情局的行动请求。数日后,这支由约 1500 人组成的美国雇佣军突袭古巴,他们在美国飞机和军舰的直接掩护下从古巴南部登陆并向北推进。古巴军民经过 72 小时的战斗,歼灭了被包围在吉隆滩的全部美国雇佣军,这就是震惊世界“猪湾事件”。

对美国来说,“猪湾事件”不但是一次军事上的失败,而且也是一次政治上的失误。初掌权柄的约翰·肯尼迪在美国民意骤跌,相反,卡斯特罗政权和古巴革命则得到了巩固。出于对美国再次进攻的担忧,古巴开始与苏联接近,最终引发了 1962 年的古巴导弹危机。

菲德尔·卡斯特罗

菲德尔·亚历杭德罗·卡斯特罗·鲁斯(Fidel Alejandro Castro Ruz,1926–2016),古巴前领导人,马克思主义者,无产阶级革命家、政治家,是当今国际共产主义运动中的重要领导人之一。卡斯特罗率领古巴取得了人民革命的胜利,并长期担任古巴中央委员会第一书记。尽管卡斯特罗一度试图缓和美古关系,但是在"猪湾事件"后,美古双方开始了长达几十年的对立。其间,美国中情局对菲德尔·卡斯特罗策划了数百起暗杀行动,但均未成功。2005 年 6 月,卡斯特罗因病住院,其权力开始转交给其弟劳尔·卡斯特罗。

2.事件过程

1962 年 5 月,苏联方面派出战略火箭军司令秘密前往古巴,与卡斯特罗会晤后,双方就苏联在古巴部署导弹的计划一拍即合。根据苏古双方的协定,苏联在古巴部署包括 SS–4 中程弹道导弹、SS–5 中远程弹道导弹、"月神"近程导弹等一系列的核武器。[①]对于苏联来说,此举一方面可以为古巴提供保护,另一方面也可以弥补美国在意大利和土耳其部署中程导弹所造成的苏方战略劣势。从 7 月中旬到危机爆发之前,苏联动用了超过 85 艘船只,向古巴共运送了 42 枚中程导弹及其全部发射装置、162 枚核弹头,以及战斗机、防空导弹等军备。[②]

1962 年 8 月,美国中央情报局通过 U–2 侦察机以及间谍报告,在古巴比那尔德里奥省首次发现了导弹发射装置,美方开始严肃讨论如何应对苏联可能在古巴部署核武器的行为。

---

① 于江欣:《古巴导弹危机及其影响》,《军事历史》2004 年第 4 期。

② 柳植:《一场惊心动魄的核对抗——美苏解密档案展示的古巴导弹危机》,《百年潮》2003 年第 3 期。

红场上展示的苏联制部署在古巴的 R-12 导弹

图片来源：Central Intelligence Agency

1962 年 10 月 14 日，冒险飞越古巴的美军 U-2 侦察机首次成功拍摄到了中程弹道导弹发射场。美国军方经过反复确认，将侦察结果汇报给了美国总统肯尼迪。肯尼迪在震惊之余，一方面下令继续侦察，另一方面立即召集其执行委员会秘密讨论反应策略。经过进一步的证实，美军确定苏联在古巴至少部署了 16 颗、最多 32 颗弹道导弹。这些导弹的最大射程为 4500 千米，可以覆盖华盛顿以内的大部分美国重要城市。

约翰·肯尼迪

约翰·菲茨杰拉德·肯尼迪，1960 年当选美国第 35 任总统，是美国历史上首位信奉罗马天主教的总统，也是唯一获得过普利策奖的总统。1963 年，肯尼迪遭遇刺杀不幸身亡。

在古巴导弹危机中，肯尼迪为了避免"猪湾事件"的武断决策再次发生，采取了很多新的议事方式。首先，面对幕僚，他不再预先向幕僚表达自己的意见和情绪情感倾向，因为那会误导从而局限下属的思考角度和内容分析方向。其次，为了让联席会议能够充分讨论策略选择并发挥作用，他把会议地点从白宫改到行政楼。同时，为了避免恐慌心理对审慎决策造成干扰，他留了足足一周的时间给幕僚们来谋划整套的对应策略。

肯尼迪政府受到了极大的震动。10 月 18 日，苏联外长安德烈·葛罗米柯赴白宫与肯尼迪会晤。根据时任司法部长、总统弟弟罗伯特·肯尼迪的记述，葛罗米柯开门见山地表示，苏联只是帮助古巴人部署一些“防御性”的武器，希望美国停止对古巴的威胁，而肯尼迪总统对此是“不满意”的。[①]

从 10 月 16 日至 20 日，执行委员会一直在讨论应对方案，其内部也产生了巨大的分歧。有人建议打击，有人建议封锁。国防部长麦克纳马拉和司法部长罗伯特·肯尼迪极力主张对古巴进行封锁。司法副部长卡赞巴赫也于 19 日向执行委员会汇报了封港在法律上的可行性。最终，执行委员会采纳了他们的建议，决定对古巴进行封港。

10 月 22 日，美国军队进入警备状态，并投入 200 艘舰船包围了古巴。英国、法国、西德和加拿大等国向肯尼迪表示了他们对美的支持。肯尼迪发表了公开的广播讲话，通告了苏联在古巴部署核导弹的事实，宣布武装封锁古巴，要求苏联在联合国的监督下撤走已经部署在古巴的进攻性武器。次日，美国召开了美洲国家组织理事会议，并获得了与会拉美各国的支持。苏联方面，赫鲁晓夫则不为所动，仍然坚持其与古巴的协议。

10 月 24 日开始，美国正式对古巴实行封锁，以 1 艘航空母舰、3 艘巡洋舰、16 艘驱逐舰为首的封锁舰队在距古巴海岸 500 海里处围成了弧形封锁线。为了防止冲突升级，肯尼迪指示美国舰只没有总统的直接命令不许开火。面对美军的封锁，苏方的数十艘船只在接近封锁线后又掉头返航。

尽管苏方的武器运输停止了，但是在古巴的导弹基地建设仍在继续。肯尼迪的执行委员会给出了扩大封锁、外交接触以及直接打击 3 个方案。26 日下午，正在美方犹豫之际，苏联驻美使馆参赞通过美

---

① [美]F.罗伯特·肯尼迪：《十三天——古巴导弹危机回忆录》，复旦大学历史学系拉丁美洲研究室译，上海人民出版社，1977 年，第 11~12 页。

国广播公司记者试探，表示苏联愿意在联合国监督下撤走导弹，条件是美国公开承诺不入侵古巴。美方立即表示可以接受。当晚，赫鲁晓夫个人致信肯尼迪，表示假如美国保证不入侵古巴的话，苏联可以撤回导弹。

10 月 27 日上午，赫鲁晓夫又寄来了一封正式的信件，条件增加了：要求美国不入侵古巴的同时，从土耳其撤走部署的导弹。正当美方商讨如何回应之时，一架美国 U-2 侦察机在古巴上空被一枚 SA-2 反空导弹击中坠毁，另一架美国海军的 RF-8A 也被 37mm 防空炮火击中。紧张的气氛被推到了顶点，美国决策层几乎已经决定第二天对古巴的导弹基地实行轰炸。然而肯尼迪顶住了压力，要求彻查飞机坠毁原因，并表示同意与苏联继续谈判。他向赫鲁晓夫密电表示同意赫鲁晓夫的第二封信中的建议，撤回部署在土耳其的导弹。与此同时，罗伯特·肯尼迪秘密被派遣与苏联驻美国大使进行谈判。

10 月 28 日上午，秘密外交谈判终于成功。赫鲁晓夫宣布同意撤回古巴的导弹。美国同意不入侵古巴，并秘密撤回美在土耳其的导弹。赫鲁晓夫在莫斯科电台中宣布撤回部署在古巴的导弹，危机正式结束。

1962 年 11 月导弹被运走

图片来源：wikipedia.org

3.事件结果

通过谈判,最后双方达成以下协议:苏联撤回部署在古巴的导弹,美国宣布不再对古巴进行任何入侵行动,同时美国秘密撤回部署在土耳其和意大利的导弹。从表面上来看,美国成为了这场危机的胜利者。而实际上,苏联也收获颇丰,既保障了古巴的安全,又解除了来自土耳其的威胁。

古巴导弹危机中,核战争一触即发,人类的命运系于旦夕。因此在危机之后,美苏两国均开始考虑如何避免类似情况的重演。华盛顿和莫斯科建立了美苏热线,这样可以在紧急情况下立刻进行双边首脑谈判来避免危机升级。这条热线在 1967 年第三次中东战争爆发后首次使用。

【古巴导弹危机事件评价】

1.局内人

(1)约翰·肯尼迪(John Fitzgerald Kennedy,1917—1963)——第 35 任美国总统

1962 年秋季如果算不上一个转折点的话,至少是“一个高峰时期”,未来的历史学家在回顾 1962 年时,很可能会以这一年的形势作为开始转变的标志。[①]

从双方都拥有核能力,双方都想保护自己的社

① Sorensen et al.,Kennedy. New York:Bantam Books, 1966, p. 719.

会的意义上来说,我和赫鲁晓夫先生处境是相同的。①

(2)赫鲁晓夫(Nikita Sergeyevich Khrushchev,1894—1971)——时任苏共中央第一书记

尽管我们的阶级对抗是不可调和的,肯尼迪和我在防止军事冲突的问题上,却找到了共同的立场和共同的语言。②

我们从肯尼迪那里得到了无论是美国还是他的盟国都不入侵古巴的保证,这对我们来说,是一次伟大的胜利。古巴导弹危机最终防止了美国在加勒比海地区进一步采取的侵略行动,拯救了古巴革命。我个人很引以自慰的是,我们这一方的行动是正确的,我们没有被美帝国主义吓倒,而完成了一件革命的壮举。③

(3)菲德尔·卡斯特罗(Fidel Castro,1926—2016)——时任古巴领导人

“这些武器是进攻性的还是防御性”的争论误导了肯尼迪,使其相信苏联核弹头已经储存在距美国佛罗里达以南不到150千米远的古巴岛上。随后,肯尼迪下令对古巴沿海进行封锁,以阻止运送导弹的苏联船只进入古巴港口。古巴并不想卷入苏美两个大国的角力之中,古巴再也不要把世界推向核灾难的边缘。④

---

① Sorensen et al.,Kennedy. New York:Bantam Books, 1966, p. 725.

② [苏]赫鲁晓夫:《最后的遗言》,李文政等译,东方出版社,1988年,第765页。

③ [苏]赫鲁晓夫:《赫鲁晓夫回忆录》,李文政等译,社会科学文献出版社,2005年,第709页。

④ 秦晋:《卡斯特罗回忆40年前的古巴导弹危机》,《解放军报》2002年10月14日。

2. 局外人

(1)约瑟夫·奈(Joseph Nye,1937—)——美国政治学家、哈佛大学名誉教授,美国前助理国防部长

难以想象的是,这种核攻击一旦发动,是否还能继续保持在战术层面。在一个理性和可预见的世界,这种结果可能会导致产生稳定。但是在现实世界中,古巴导弹危机表明,结果可能不会这样。正如麦克纳马拉所说:"我们幸运地躲过了一劫。"[①]

(2)格雷厄姆·艾利森(Graham Allison,1940—)——哈佛大学肯尼迪政府学院教授

同样的场景也可能发生在与中国的经济关系中。经济和安全是截然不同的领域,但是有些道理是互通的。未来50年最大的地缘政治挑战将是具有统治地位的超级强权美国如何应对中国的崛起。美国和中国需要发展出自己的规则以避免落入"修昔底德陷阱"。这需要双方协调核心利益,在冲突和绥靖之间找出一条道路。对于威胁的过度反应是错误的,但有时也会故意忽略或者做出一些不可接受的错误举动,来避免类似情况再次发生。作为一个正在崛起的经济大国,中国的军事实

> **修昔底德陷阱**
>
> 修昔底德陷阱的概念来自修昔底德的名言,"使战争不可避免的真正原因是雅典势力的增长和因而引起斯巴达的恐惧"。其现实意义是指,一个新崛起的大国必然要挑战现存大国,而现存大国也必然来回应这种威胁,这样战争将变得不可避免。

① Joseph S.Nye, The Cuban Missile Crisis at 50, Project Syndicate, 10(2012):8.

力也在增长，外交也越发强硬，新的现状正在形成。在这个过程中，双方的关系更需要诸如此类的事件来维护双方脆弱关系的稳定。①

(3) 邓小平

事实上，在古巴导弹危机问题上，中共、苏共、意共、捷共都虚张声势，说了许多空话。②

思考题

1.古巴导弹危机的导火索是什么？

2.秘密外交在古巴导弹危机的解除中起到了怎样的作用？

3.如何评价核武器对于当今世界秩序的影响？

延伸影片

1.《冷战疑云》(美国/2007 年)

2.《K-19：寡妇制造者》(英国/德国/美国/加拿大/2002 年)

延伸阅读

1.[美]F.肯尼迪：《十三天——古巴导弹危机回忆录》，复旦大学历史系拉丁美洲研究室译，上海人民出版社，1977 年。

2.May, Ernest R., Philip Zelikow, eds.. *The Kennedy Tapes: Inside the White House during the Cuban Missile Crisis*, Belknap Press of Harvard University Press, 1997.

---

① Allison, Graham. The Cuban Missile Crisis at 50. Foreign Affairs 91.4 (2012): 14.

② 夏明星、苏振兰：《毛泽东：与 1962 年古巴导弹危机》，《党史博采》2008 年第 2 期。

》| 慕尼黑

时代背景 1972 年

地域背景 德国慕尼黑

电影制作 美国 / 加拿大 / 法国 / 2005 年 / 164 分钟

电影导演 史蒂文 · 斯皮尔伯格

电影编剧 托尼 · 库什纳 / 艾瑞克 · 罗斯

电影主演 艾瑞克 · 巴纳 / 丹尼尔 · 克雷格 / 塞伦 · 希德 / 林 · 科恩

012《慕尼黑》——慕尼黑惨案

【《慕尼黑》——影片简介】

如果在搜索引擎中输入“1972 年奥运会”，那么在搜索结果中我们一定可以看到这样的关键词——袭击、惨案、恐怖。没错，1972 年第 20 届慕尼黑奥林匹克运动会是一场盛会，但巴勒斯坦“黑九月”组织对 11 名以色列运动员的劫持和残杀使得这届奥运会无可避免地写下了悲剧的注脚。电影《慕尼黑》的故事就以此案为背景展开情节，展现了以色列特务组织“摩萨德”随后精心组织的复仇行动。此次复仇行动是现代间谍史上最有名的事件之一，其跨时之长、地域之广、计划之复杂而周密，其间历经种种政治事件如战争、外交纠纷而仍决心不辍，都是前无古人的。

电影设计了“摩萨德”人艾夫纳作为一个暗杀小组的组长，在接受这个任务前，他并没有从事过暗杀工作，但是出于对国家的忠诚和逝世同胞的悲痛，他和他的伙伴开始了一次又一次的猎杀行动。在深夜时分，每当主人公的思绪再一次回到慕尼黑奥运会以色列运动员被屠杀的那个画面时，他都痛苦不堪。也正如主人公对其妻子所言，以色列民族承受了太多苦难，这种苦难不应该继续下去了。

他们游走在国际法边缘，远离家乡和亲人，彼此是唯一的依靠，但是他们在执行完暗杀行动之后不禁自问：我们杀的到底是什么人？这一切具有正当性吗？以暴制暴能消除恐怖行动吗？替祖国、同胞报仇雪恨、伸张正义的决心，以及对这些暗杀行动日益强烈的疑虑，让他们的内心受到痛苦的煎熬，最后发现在猎杀目标的同时，他们也成为被猎杀的对象。

影片中以色列特工曾经和“黑九月”狭路相逢，但谎称自己是西班牙“埃塔”组织，避免了交火。这里有一段电影中最重要的对白：巴勒斯坦人认为，欧洲的组织如“埃塔”是不会成功的，因为他们干完事以后还可以“回家”，而“埃塔人”无家可回，这就是他们坚信会取得胜利的根本原因。“国家就是一切”，巴勒斯坦人说。当以色列人质疑巴勒斯坦人多久才能成功时，巴勒斯坦人有个漂亮的反问：犹太人花了多少时间去建国？

与其他描绘“摩萨德”行动的影视作品不同，《慕尼黑》在最大程度上弱化了“摩萨德”的行动使命以及巴以冲突的政治问题，而从更深层次的人性视角探讨了两个民族间的爱与恨。那是一段残忍的历史，事实上，这种题材的电影主题仅有一个：两个民族的爱与恨。而个人能做的，只是在这样一个残酷的时代背景下，扮演好自己的角色，仅此而已。

【慕尼黑惨案——事件概览】

1.事件背景

1972 年 8 月 26 日，第 20 届奥运会在联邦德国慕尼黑召开。这是当时奥运史上规模最大、耗资最多的一届盛会，以色列也派出了规模空前的代表团。然而主办方的巨额经费并未用于警卫人员和安全设施的开支方面。在联邦德国边境，边防人员和重要运输站口对进出人员及货物的检查甚至有所放松，这就给了恐怖分子可乘之机。第一次中东战争后流离失所的巴勒斯坦恐怖分子“黑九月”瞄准了这场奥运会。

在 1972 年夏天，“黑九月” 选拔了一批成员作为秘密行动的实施者，并将其送至利比亚进行训练。奥运会召开前夕，“黑九月”进入联邦德国，对奥运村进行了短暂的监视，并很快发现了安保方面的漏洞。其中对于他们来说最为“便捷”的是奥运村仅 6 英尺高的围栏，即便是运动员也经常翻越围栏来避免绕路,这为恐怖分子提供了进出奥运村的"通行证"。①

黑九月

第一次中东战争以色列的旗开得胜,让它不仅在巴勒斯坦地区站住了脚,而且一下子就占有了巴勒斯坦地区总面积 4/5 的土地,让成千上万的巴勒斯坦人失去自己的家园,就像当年犹太人一样沦为无家可归的难民,从此过着背井离乡的流亡日子。尽管从 1948 年到 1964 年,联合国就巴勒斯坦问题通过了 16 项决议,但是巴勒斯坦人却并没有因此而收复一寸土地,也没有一个难民得以重返家园。这些巴勒斯坦人成群结队地流亡到邻国,约旦就成了他们避难的首选之地。后来随着约旦境内巴勒斯坦难民营的不断增多,再加上巴勒斯坦游击队和以色列军队一次又一次的武装冲突,约旦也被扰得鸡犬不宁。约旦国王侯赛因为此大伤脑筋。在不得已的情况下,约旦政府于 1970 年 9 月 17 日出动军队,向巴勒斯坦游击队发难。在与约旦军队的冲突中,一盘散沙的巴勒斯坦游击队不堪一击,一败涂地。在战斗中,约旦军队竟然冲进巴勒斯坦难民营大开杀戒,造成了数万巴勒斯坦难民死亡。这就是著名的"黑九月"事件。几万难民的鲜血和生命擦亮了巴勒斯坦人的眼睛,他们认识到,世界上根本没有真正的朋友,一切都需要依靠自己。于是,巴勒斯坦解放组织成立了一支秘密部队,代号为"黑九月",用来纪念死在约旦难民营的同胞。而"黑九月"的终极目标,就是不择手段地让那些使他们失去了土地和家园的以色列人付出代价。

1972 年 9 月 4 日,以色列队没有赛事,大多数运动员都在奥运村休息。次日凌晨 4 时,8 名"黑九月"恐怖组织的成员从事先摸清的路

① Haberfeld, M. R., A. Hassell: *A New Understanding of Terrorism*, Springer US, 2009, p. 207.

线进入奥运村,对以色列选手所在的31号楼展开袭击。在与恐怖组织成员的周旋中,有9名运动员被劫作人质。“黑九月”向联邦德国警方提出了交换条件,即在4小时内释放在以色列本土和联邦德国监狱中被关押的巴勒斯坦籍的236名囚徒,并为他们提供离开联邦德国的安全通道。①

此后,联邦德国警方制定了数个方案营救人质,但都未能奏效,双方陷入了僵持之中。在恐怖分子下达最后通牒之后,联邦德国政府做出了公开回应,称同意释放囚犯,但双方需就细节问题做进一步谈判。联邦德国内政部长、奥运村总负责人和慕尼黑警察总监进入31号楼进行交涉,“黑九月”以孤注一掷的态度令联邦德国方面修改了原先的营救计划。警方计划先用缓兵之计口头答应恐怖分子释放囚犯和前往埃及的要求,然后在慕尼黑机场实施下一步的营救行动。

一名“黑九月”成员在监视周围

图片来源:维基百科

20时30分,联邦德国方面派遣的3架直升机准时抵达奥运村。“黑九月”恐怖分子经过停机坪之时,警方开始了营救行动。然而一切并不如愿,恐怖分子首先识破了警方的伪装,联邦德国警方未能一击

---

① Mickolus E. F., Simmons S. L. *The 50 Worst Terrorist Attacks*, Praeger, 2014, p.37.

制胜，双方展开了一个多小时的激战。尽管5名歹徒最终被警方击毙，但代价却是惨重的：1名警官死亡，数名警察受伤，剩余人质被恐怖分子杀害，无一生还。[①]

2.事件原因

巴以冲突是事件中仇恨的根源。早在公元前，犹太人就生活在巴勒斯坦地区，但是由于种种原因，中世纪中期犹太人逐渐流散至欧洲国家，民族主体与巴勒斯坦地区失去联系。而伊斯兰教兴起后，先知穆罕默德统一阿拉伯半岛。而在巴勒斯坦成为伊斯兰国家的一部分以后，巴勒斯坦人开始成为这块土地上的主体民族。

19世纪80年代开始，大量流亡海外的犹太人为了逃避迫害，通过从奥斯曼帝国和阿拉伯人手中购买土地来回流至巴勒斯坦。然而随着回流潮的出现，犹太居民与阿拉伯人的关系也日趋紧张。

在西方世界的迫害、驱逐下，一些犹太人开始思考整个犹太民族的出路和未来。1897年在第一次犹太复国主义者代表大会上，犹太人明确了回归故土、建立国家的目标。由此形成的犹太复国主义思潮使得约四万名犹太人在20世纪初返乡定居。[②]

然而在当时的现实情况下，仅凭借散居在各国的犹太人的力量是无法回到几千年前的故土建立新国家的，于是犹太复国主义者在各地散居犹太人的推动下先后得到了英国、美国等大国的支持。1917年，时任英国外交大臣贝尔福发表《贝尔福宣言》，声明英国支持犹太人返回巴勒斯坦并建立属于自己的犹太国家。同时，在希特勒对犹太人的大举迫害下，大批犹太人从世界各国返回巴勒斯坦。[③]

二战结束之后，美国成为新的世界霸主。衰颓的英国因为无力控

---

① Mickolus E. F., Simmons S. L.: *The 50 Worst Terrorist Attacks*, Praeger, 2014, p.38.

② 马明良：《巴以冲突症结分析》，《现代国际关系》2002年第2期。

③ 詹为为、詹幼鹏：《绝美谋杀：以色列摩萨德绝密行动》，北方文艺出版社，2012年，第5~6页。

5次中东战争

中东战争是继二战后持续时间最长，对国际政治和能源影响最为深远的一场战争之一。

1948年，第一次中东战争因阿拉伯国家与以色列在巴勒斯坦土地划分问题上的矛盾而爆发。阿拉伯国家在战争一开始极有优势，但是以色列在接受来自美国的大笔政治、军事援助之后，扭转了战局，阿拉伯国家战败。

1956年，第二次中东战争爆发。此次战争的爆发源于英法联合以色列，为夺得苏伊士运河的控制权而对埃及发动的进攻。迫于国际社会的压力，英法两国被迫接受了停火决议，以色列则借此机会发展了自己的势力。

1967年，第三次中东战争爆发，这一次战争又称六五战争，是以色列主动发起的对阿拉伯国家的军事侵略。在第三次中东战争中，以色列占领了约旦河西岸、加沙地带、戈兰高地、西奈半岛和耶路撒冷旧城。

1973年，爆发的第四次中东战争被称为“赎罪日战争”。埃及和叙利亚企图收复失地，对以色列发动突然袭击，后来因为外部势力的介入，加上自身战略的失误，阿拉伯国家先胜后败。

1982年，第五次中东战争爆发。当时以色列意图通过英国大使被巴勒斯坦游击队刺杀事件为借口，在黎巴嫩贝鲁特扶植一个亲以色列的基督教政权。为此，以色列出动了陆海空军总计十万多人，对活动在黎巴嫩境内的叙利亚驻军和巴勒斯坦解放组织发动了大规模攻击，几日后就占领了黎巴嫩的大半领土。这是四次中东战争结束以来，阿拉伯国家和以色列之间发生的最大规模的一次战争。

时至今日，内部的民族主义冲突、宗教因素、耶路撒冷问题、双方激进派别势力等内部因素和域外大国的干预、区域大国伊朗的介入及地区力量不平衡等外部因素，依然不断恶化着本就剑拔弩张的巴以局势。

制局势而将巴勒斯坦问题正式提交联合国。在有着大批优秀犹太移民的美国的控制下，犹太人建立国家的愿望逐步得到实现。1947 年 11 月 29 日，在美国的支持下，联合国大会通过了《关于巴勒斯坦未来治理(分治计划)问题的决议》，即著名的联合国第 181 号决议。决议规定英国于次年 7 月结束委任统治，并提出在原地区范围内分别建立犹太国和阿拉伯巴勒斯坦国。这一决议的争议之处在于，犹太人当时所占领的土地面积不足巴勒斯坦的十分之一，然而联合国的分治决议却裁决了 57.2%的巴勒斯坦领土给犹太国。[①]决议出台后，巴勒斯坦的阿拉伯人乃至整个阿拉伯世界都表示出了强烈的反对。尽管以色列成功建国，但在此后的半个世纪里，以巴勒斯坦阿拉伯人为代表的阿拉伯世界与犹太人冲突不断，双方爆发了 5 次中东战争，巴以问题进一步复杂化。中东成为大国争夺势力范围、地区强国扩张利益的主战场。[②]

3.后续：以色列人的摩萨德暗杀[③]

慕尼黑的惨状引起了以色列人的愤怒，在铁娘子梅厄夫人的主持下，以色列方面成立了由情报特务局(摩萨德)特工组成的“死神突击队”，旨在对“黑九月”幕后人员进行暗杀报复，行动代号为“上帝的复仇”(Wrath of God)。复仇行动从 1972 年 10 月开始到 1981 年 8 月结束，历时九年有余，列于名单的 11 名“黑九月”人员全部遭到暗杀，不过主脑未能暗杀成功，也有一些无辜者被殃及。

1972 年 10 月 16 日，罗马，瓦埃勒·泽维特尔(Wael Zwaiter)在回家等电梯时，被两名男子以贝瑞塔手枪暗杀，身中 11 枪，没有人听到

---

① 联合国：《联合国大会第 181 号关于巴勒斯坦未来治理问题的决议》，1947 年 11 月 29 日。网址：http://www.un.org/en/ga/search/view_doc.asp?symbol=A/RES/181(II)，最后访问：2016 年 9 月 12 日。

② 王京烈：《巴以冲突：主要影响因素及预测分析》，《西亚非洲》2003 年第 5 期。

③ Reeve, Simon：*One day in september: The full story of the 1972 Munich Olympic massacre and the Israeli revenge operation “Wrath of God”*，New York：Arcade Publishing，2000，pp. 150–215.

枪声。泽维特尔是利比亚驻罗马大使馆的员工，同时亦是一名译者，但真正身份是“黑九月”驻意大利的代表。

摩萨德

以色列情报及特殊使命局，又译情报特务局，被誉为世界最有效率的情报机构之一，俗称“摩萨德”。是以色列最重要的情报机构，其首脑直接向以色列总理报告，与以色列国家安全局（俗称“辛贝特”）和以色列军事情报局（俗称“阿曼”）组成以色列情报体制。摩萨德在1949年由总理大卫·班·古里昂成立，从事隐蔽行动、情报搜集、反恐任务等。

1972年12月8日，巴勒斯坦解放组织在法国的发言人马赫穆德·哈姆沙里（Mahmoud Hamshari）在巴黎的寓所中被炸伤，一个月后伤重不治。

1973年1月24日，尼科西亚的奥林匹亚酒店发生爆炸，法塔赫驻塞浦路斯代表侯赛因·阿巴德·希尔（Hussein Abd el Hir，亦作Hussein Al Bashir）当场被炸死。

法塔赫

法塔赫（Fatah），巴勒斯坦民族解放运动组织简称。该组织成立于1959年，是巴勒斯坦解放组织中最大的一支，最高权力机构为代表大会。在代表大会闭会期间，职权由革命委员会行使。同时由革命委员会负责选举，选举产生中央委员会，同时革命委员会也负责领导该组织日常工作。在成立初期，法塔赫坚持以“革命暴力是解放家园的唯一手段”为宗旨，在被占领土地区坚持进行反以色列的游击战。自20世纪80年代以来，依据形势变化，法塔赫的政策也逐步改变，最终承认以色列的合法存在。

1973年4月6日，巴黎，巴西尔·库拜西（Basil al-Kubaissi）在回家途中被特工枪杀。他是美国贝鲁特大学法学教授，同时亦是巴解成员,为“黑九月”提供武器。

1973 年 4 月 9 日,贝鲁特,“青春之泉”行动开始,以色列国防军部队秘密行动,攻打巴解总部并暗杀了 3 名巴解高层:阿布·优素福(Abu Youssef)、卡迈勒·阿德万(Kamal Adwan)和卡迈勒·纳赛尔(Kamal Nasser)。

1973 年 4 月 11 日,雅典,接替侯赛因·阿巴德·希尔的扎伊德·穆查西(Zaiad Muchasi)在雅典的酒店房间被炸死,另有“黑九月”成员在罗马受伤。

1973 年 6 月 28 日,巴黎,解放巴勒斯坦人民阵线驻欧洲首领的穆罕默德·布迪亚(Mohammad Boudia)在自己的车内被炸死。

1981 年 8 月 1 日,波兰,暗杀名单最后一个目标、惨案主谋阿布·达乌德(Abu Daoud)在波兰一家旅馆遭到枪击,但并未致命。2010 年,达乌德在叙利亚因肾衰竭去世,终年 73 岁。

至此,以色列策划的“上帝的复仇”暗杀行动画上了句号。

4.再续:“黑九月”报复

以色列的暗杀行动同样招致了“黑九月”一连串的报复行为:

1972 年 10 月,数以十计的邮寄炸弹从阿姆斯特丹寄到世界各地,其中一封寄到以色列驻英国大使馆,参事阿米·沙绍里(Ami Shachori)被炸死。

1973 年 1 月 23 日,马德里,一名摩萨德探员在街上行走时被“黑九月”成员所杀。

1973 年 3 月 1 日,喀土穆,8 名巴勒斯坦民兵闯入沙特阿拉伯驻苏丹领事馆,释放了大部分人后,留下人质美国领使克利奥·诺埃尔(Cleo A. Noel, Jr.)、领使团副团长乔治·科提斯·摩尔(George Curtis Moore)和比利时代理领事居伊·艾德(Guy Eid),然后开枪射杀。

1973 年,7 月 1 日在美国马里兰州,约瑟夫·阿隆(Yosef Alon)上校被杀。

1973 年,8 月 5 日在雅典,两名巴勒斯坦民兵在机场漫无目的地开枪，导致3名旅客死亡及55人受伤。

“黑九月”还策划了针对以色列总理梅厄夫人的导弹暗杀，但以失败告终。

梅厄夫人

果尔达·梅厄（1898年5月3日—1978年12月8日）是以色列创国者之一，她曾经担任以色列劳工部部长、外交部部长及第四任以色列总理（1969—1974年）。在英国首相玛格利特·撒切尔未被称为“铁娘子”之前，果尔达·梅厄被外界认为是一位以色列的“铁娘子”，大卫·本·古理安也称她为“内阁中的最好的人”。果尔达·梅厄是首位以色列女性总理，她也是世界上第三位女性总理。

【慕尼黑惨案——事件评价】

1.局内人

（1）果尔达·梅厄（Golda Meir，1898—1978）——时任以色列总理

1972年在奥林匹克运动会杀害了11名以色列运动员的阿拉伯人，仅仅6个礼拜后，就在众目睽睽之下被释放飞往利比亚，我真的难受得想吐。唯一的解决办法，唯一可能的解决办法，是和平——不仅是体面的和平，而且是持久的和平。取得和平的唯一方法是继续努力说服我们的朋友我们的立场是正确的——因为我们的敌人不愿同我们谈话——并仔细考虑可能导致谈判的任何可能性。[①]

① [以色列]果尔达·梅厄：《我的一生：梅厄夫人自传》，舒云亮译，新星出版社，2014年，第382~383页。

（2）曼弗雷德·施雷伯（Manfred Schreiber，1926—2015）——时任慕尼黑警察局局长兼奥运会安全总长

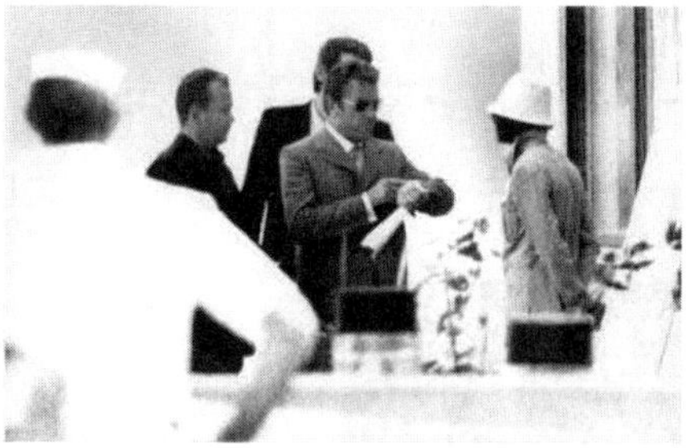

恐怖分子太狡猾、太专业了……除非我们能迫使他们犯错，否则人质难逃一劫。我们尽力了，但对方绝非等闲之辈。①

2. 局外人

（1）布鲁斯·霍夫曼（Bruce Hoffman）——美国兰德公司反恐问题专家

以恐怖手段将一个事业从鲜为人知提升到众所周知的例子……毫无疑问要首推巴勒斯坦恐怖分子在1972年慕尼黑奥运会上杀害11名以色列运动员。在慕尼黑事件前，国际社会并不多么重视巴勒斯坦问题。但是全世界亿万观众通过电视看到了血腥的残杀过程和恐怖场面，他们认识到巴勒斯坦问题已经到了必须认真对待的时候了。②

（2）阿尔伯特·加马拉（Albert Gamarra）——纽约城市大学犯罪司法博士

慕尼黑的惨案促使奥林匹克运动会的安保发生了改变。此后奥利匹克运动会主办城市的官员为了避免慕尼黑惨剧的重演，都将安保重点放在了奥运村。慕尼黑事件还促进了其他安保措施的推行，比

① Simon Burnton：50 stunning Olympic moments No. 26: The terrorist outrage in Munich in 1972，*Guardians*，https://www.theguardian.com/sport/blog/2012/may/02/50-stunning-olympic-moments-munich-72.

② Bruce Hoffman，Inside Terrorism，Victor Gollancz，1998，p.89.

如在机场对行李进行X光检查、利用遥控机器人对可疑物体进行监控、雇佣大量武装安保人员等。对安保问题的重视成了慕尼黑悲剧的重要遗产。①

(3)史蒂文·斯皮尔伯格(Steven Spielberg,1946—)——影片《慕尼黑》导演(犹太血统)

我的电影是为纪念遇难的以色列运动员而拍的,我们对这些运动员的记忆永远也不会消失。这是一部写实影片,我并不想将“反恐战争”所要打击的目标妖魔化,因为我们总得面对现实世界,面对这些问题上两个阵营里的真实人物。我一直喜欢以色列在受到严重威胁的时候所做出的强烈反应,但同时我认为,对抗并不能解决任何问题,它只是造成了一种“永动”的报复机制。现在那个地方已经是一片血的沼泽了。我拍摄这部影片的目的是为了和平。我不认为一部电影、一本书,或者其他任何一部艺术作品就能够一举解决中东问题,但是我所做的是一个尝试,我用我的方式为那里的人民祈求和平,我认为很值得一试。在那一地区,人们真正的敌人不是巴勒斯坦,不是以色列,而是存在于人们心中的不肯让步的固执,这一思想让他们长期付出了血的代价。②

思考题

1.巴以冲突的根源是什么?

---

① Albert Gamarra, Securing the Gold: Olympic Security from a Counter-Terrorist Perspective, See Haberfeld, M. R., A. Hassell: *A New Understanding of Terrorism*, Springer US, 2009, pp. 209-210.

② 李晶:《慕尼黑惨案与上帝的复仇》,《记忆》2006年第6期。

2.国际社会为解决巴以问题付出过怎样的努力？

3."黑九月"是恐怖组织吗？应该如何评价"摩萨德"的复仇？

延伸影片

1.《重返灾难现场：慕尼黑奥运大屠杀》(英国/2006年)

2.《明日之屋》(英国/加拿大/2011年)

3.《和巴什尔跳华尔兹》(以色列/德国/法国/2008年)

延伸阅读

1.[美]乔治·乔纳斯：《以牙还牙：一个以色列特工小组活动实录》，张平、黄勤译，解放军出版社，1989年。

2.[美]乔治·乔纳斯：《怨怨相报：慕尼黑奥运村惨案始末》，鲁曙明、崔立棠译，北京出版社，1990年。

逃离德黑兰

时代背景 1979 年

地域背景 伊朗德黑兰

电影制作 美国 / 2012 年 / 120 分钟

电影导演 本 · 阿弗莱克

电影编剧 克里斯 · 特里奥 / 约书亚 · 比尔曼

电影主演 本 · 阿弗莱克 / 约翰 · 古德曼 / 艾伦 · 阿金

013《逃离德黑兰》——伊朗人质危机

【《逃离德黑兰》——影片简介】

在心理学中,艺术具有拯救心灵的治愈力量。而在现实中,艺术真的救过人。那是在伊朗人质危机期间,中情局特工以电影拍摄作为伪装,成功地从戒备森严的德黑兰救走了6名被困的外交人员。

电影《逃离德黑兰》就是根据这一行动改编而来的。该片是本·阿弗莱克(Ben Affleck)导演生涯的第三部作品,上映之后便得到了观众以及电影人的充分肯定,荣获第85届奥斯卡最佳影片、最佳剪辑、最佳改编剧本3项大奖。

从影片质量而言,《逃离德黑兰》制作精致细腻,剧情发展步调张弛有度,是一部典型的美国爱国主义教育宣传片。但实质上,在爱国主义和英雄主义主旋律之后,是西方文明和伊斯兰文明之间的文明冲突。纵观整个人类文明史,伊斯兰文明与西方文明的冲突似乎从未停止过。从早期的十字军东征到海湾战争,以及近年来在中东多国兴起的颜色革命等。本片在片头即提到了伊朗国王巴列维的西化改革激怒了国内什叶派穆斯林教徒,本片的剧情也是从伊朗激进派围攻美国大使馆展开的,同时,从片中诸如伊朗人点燃美国国旗、街头反美标语等细节中也能窥见文明冲突的影子。文明的冲突似乎从来都不会停止,中东这片土地自人类文明发祥起就充满了纷争与战火。后来又因石油、宗教、文明等纠葛的掺入,相互矛盾的利益让冲突有增无减。

同时,作为某种程度上的爱国主义教育片和个人英雄主义宣传片,中情局特工门德兹的救援计划从一开始就在众多方案中脱颖而出,救援计划设计似乎天衣无缝。随着剧情发展,在关键时刻,正是男主角凭借过人的胆识,决意违反命令,最终保证了6名美国人能顺利突破重重关卡逃离德黑兰。这是对美国个人英雄主义的完美演绎。除了正面英雄的塑造,从反面也能看出一些端倪。导演在影片中完全没给“反派”以辩白的机会,观众从头至尾看到的都是手持武器、高喊抗议口号、游行示威的“暴民”形象。伊朗革命卫队中似乎也缺少沉着冷静甚至“诡计多端”的狠角色。这样的电影在宣扬了美式民主和自由的同时,也在某种程度上加深了对伊斯兰文化知之甚少的观众对神秘的伊斯兰世界的成见。

【伊朗人质危机——事件概览】

1.事件背景

20世纪50年代以来,美伊尽管表面上十分友好,但伊朗在美国扶植的巴列维统治之下实际上积怨已久。1979年2月至4月,流亡国外的伊朗宗教领袖霍梅尼回国发动了一场伊斯兰革命,推翻了巴列维王朝,成立了伊斯兰共和国。在伊朗国内局势动荡的当口,美国接受巴列维以癌症为借口到美国治病,这一在伊朗人眼里是“美伊狼狈为奸”的举动成为人质危机的直接导火索。

尽管对于巴列维逃亡美国的行为,美伊两国通过多种渠道进行沟通,但收效甚微。在此情况下,霍梅尼鼓动国内反美情绪,将巴列维的逃亡和伊朗国家发展的失败归咎于美国的干涉,伊朗国内仇恨美国的情绪空前高涨。

伊朗伊斯兰革命

伊朗伊斯兰革命指的是20世纪70年代后期巴列维的伊朗君主立宪政体被推翻,而霍梅尼成立政教合一的伊斯兰共和国的革命。

1978年,伊朗国内多地爆发了反对君主制的大规模游行示威,全国陷入动乱,流亡海外的霍梅尼趁此机会回到伊朗,聚集武装推翻了巴列维政权。1979年4月1日,伊斯兰共和国成立。根据新宪法,霍梅尼被推举为新的国家领袖。

伊斯兰革命推翻了伊朗持续半个世纪之久的君主制。新政权严厉打击旧政权势力,没收皇室财产,捕杀旧官僚。与此同时,霍梅尼政权试图以伊斯兰教旨改造伊朗,并排斥一切西方文化的进入。伊朗也因此陷入了和美国之间严重的意识形态对峙,互相为敌。

美国与巴列维政府

20世纪30年代起,美国开始在伊朗扶持巴列维家族,以换取稳定的石油供应。1951年,刚出任首相的摩萨台试图以改革摆脱美国的控制,但被美国的"阿贾克斯行动"挫败。1941年,穆罕默德·礼萨·巴列维登基,并在伊朗施行改革。尽管改革巩固了巴列维统治的合法性,但是随着民主进程的发展和宗教矛盾的激化,伊朗人民对于巴列维政府的统治越发不满,最终导致巴列维政府被推翻,巴列维流亡海外。

霍梅尼

鲁霍拉·穆萨维·霍梅尼(1902年9月22日—1989年6月3日),伊朗什叶派宗教学者,1979年伊朗革命的政治和精神领袖,推翻了伊朗国王穆罕默德·礼萨·巴列维。在经过革命及全民公投后,霍梅尼成为国家最高领袖。最高领袖是宪法所创造的一个职位,是国家政治和宗教上的最高职位。他在著作和讲道内容里大力强调伊斯兰教法学家的神权统治。在国外的伊斯兰世界里,他被描述为"西方大众文化对伊斯兰教的虚拟形象"。霍梅尼被称为"广受支持、别具魅力的领袖",什叶派学者视他为"伊斯兰复兴的战士"。

2.事件过程

1979 年 11 月 4 日,受霍梅尼支持,四千多人(以学生为主)有组织地聚集到美国驻伊朗大使馆门前示威,抗议美国干涉伊朗内政,要求交出流亡美国的巴列维。抗议事件的形势逐渐恶化,演变成了占领美国驻伊朗大使馆。使馆中的 66 名美国人被示威者扣押,并以此为筹码要挟美国。幸运的是,在使馆被占领前,有 6 名美国人从后门逃离,辗转躲藏到加拿大使馆,这 6 人即是“逃离德黑兰”的主人公。

德黑兰学生占领美国驻伊朗大使馆

图片来源:凤凰网

扣押人质的第二天,霍梅尼公开要求美国引渡巴列维国王,并要求英国引渡正在流亡的巴赫蒂亚前首相。美方则立即组织工作小组,时任国家安全事务助理的布热津斯基,为人质危机召开了特别联合委员会首次会议。美方试图派出特使与伊朗沟通并进行谈判,同时积极制定当人质受到伤害或伊朗开始瓦解时美国可能采取的军事行动计划。

霍梅尼对扣押人质行为的公然支持使得美伊两国对话的形势不断恶化。为此,美国采取了中止对伊运送武器、冻结伊朗官方资产等强硬手段,试图孤立和制裁伊朗,迫使伊朗释放美国人质。同时,美国还积极在联合国等国际场合活动,试图通过国际社会的介入,给伊朗施压。然而美国的诸多措施收效并不理想，伊朗甚至反将一军，于1979年11月13日宣布暂停对美的石油出口，限制美国人、飞机及船只入境。双方由此陷入僵局。

但是双方的僵持并没有持续太久，伊朗迫于国际压力，首先做出了让步。在事件爆发第13天后，霍梅尼同意先行释放被扣押的13名妇女和黑人，随后还同意美基督教传教士探望美国人质。对伊朗释放人质的善意，美国也做出了一些回应。美国政府于12月15日发表声明，声称巴列维已移居巴拿马，并不在美国境内。随后还开放了伊朗驻美国使馆的4个银行户头。在美伊双方都释放出善意的情况下，联合国成立了一个临时委员会，负责对该事件进行调查。但是该委员会的调停收效甚微，美伊双方并未就该事件的处理达成一致，双方再次陷入僵局。

由于外交手段无法解决危机，美国重归强硬态度，开始着手制定武装救援计划。1980年4月7日，美国宣布同伊朗断绝外交关系，要求伊朗关闭驻美使领馆，所有伊朗外交人员必须在8日午夜前离开美国。当日，为回应美国的强硬举措，伊朗革命委员会向伊朗人民发布公告，号召伊朗人民准备应对美国的侵略。

在宣布与伊朗断交的同时，时任美国总统卡特正式批准了由美国国家安全委员会拟定的军事营救计划——“鹰爪行动”(Operation Eagle Claw)。这一行动在准备阶段又称“饭碗行动”(Operation Rice Bowl)，美军花费数月进行了夜视镜使用、精准远距离巡航、沙漠降落、地面快速加油等训练。[①]根据计划，8架直升机将运载突袭人员飞往德黑兰郊外，再由内应运送至市区，展开营救行动。此后经过伪装的美军直升机将把人质运送至伊朗西部的一个临时机场，再由运输机护送人员前往埃及或欧洲。

---

① Buck, Peter D., *The Iranian Hostage Rescue Attempt: A Case Study*, Marine Corps Command Staff Coll Quantico VA, 2002, p.24.

1980年4月24日,美国"鹰爪行动"正式开始。美军"尼米兹"号核动力航空母舰进入阿曼近海。直升机编队与运输机编队分别从航空母舰以及埃及出发,飞往伊朗境内的会合地点。然而天有不测风云,8架直升机在途中遭遇沙漠风暴,2架直升机受损。到达会合地点后,又有一架直升机液压系统失灵。在任务无法完成的情况下,卡特总统批准行动组撤退。然而在返航过程中,事故再次发生,一架直升机与一架运输机在加油过程中相撞,造成13名美军士兵伤亡。最终,美军放弃了直升机,所有人员乘坐剩余的5架运输机返航。在4月25日的新闻发布会上,美国政府正式承认军事营救行动失败。此次失败的军事营救行动不仅使得美军远离本土作战的能力受到了质疑,也导致美伊关系急剧恶化。[①]伊朗找到了落到其境内的美军遇难者遗体,并用绳索吊着拖到大街上游行,这也进一步激起了美国国民的愤怒情绪。

3.事件转机与终结

正当人质问题的解决看来遥遥无期之时,1980年秋,事情发展迎来了转机。一方面,7月27日,巴列维国王在开罗逝世;另一方面,9月,两伊战争爆发,和伊拉克的战事成为伊朗眼前的首要问题。因此,霍梅尼重新放低姿态,试图缓和与美国的矛盾,在人质问题上重启美伊对话,从而得以解冻在美国的资产以应对伊拉克战事。在伊朗释放出善意之后, 卡特政府派出了以副国务卿沃伦·克里斯托弗为首的谈判小组,在阿尔及利亚政府的协调和斡旋下,负责与伊朗霍梅尼当局谈判。此时适逢11月美国大选,由于伊朗人质危机解决不力,卡特在竞选中输给了里根。即将离任的卡特也希望在任期的最后迅速解决危机,最终,美国同意解冻伊朗在美国的80亿美元资产,伊朗同意释放所有被扣押的美国人质。

---

① Buck, Peter D., *The Iranian Hostage Rescue Attempt : A Case Study*, Marine Corps Command and Staff Coll Quantico VA, 2002, pp.7-8.

1981 年 1 月 20 日，所有被伊朗扣押的美国人质被正式释放，由美国政府派专机接回国内。至此，前后持续了 444 天的伊朗人质危机事件宣告结束。

对于美国来说，伊朗人质危机是美国在冷战之中遇到的又一棘手问题。危机导致了伊朗反美情绪的扩大，以及两国关系到达历史最低谷。就美国国内而言，人质事件得到了巨大关注，这也成为卡特连任失败的主要原因之一。

【伊朗人质危机——事件评价】

1.局内人

(1)吉米·卡特(Jimmy Carter,1924—)——第 39 任美国总统

东道国政府竟支持对另一国领土主权的入侵，并扣押外交人员做人质，这简直是一件破天荒的行为。最初，我期望伊朗的学生能马上释放人质，激进分子对我们使馆人员不管扣押多长时间，都是我们不可想象的。当然，我们也没办法知道，这个令人不安的事件会发展成我总统任期最后一年中最重要的事件。

我们曾得到伊朗首相巴扎尔甘和外交部部长易卜拉欣·亚迪兹的保证说，我们驻该国的大使馆会受到保护。他们提出的唯一条件是，伊朗国王在我国期间不得发表任何政治声明，而伊朗国王已经接受了这一限制条件。

……

我确信，还有几个因素促成了我政治生涯的短促……但在 1980年秋天，又出现一个压倒其他一切的因素：美国人质被伊朗人持续扣押。

极为遗憾的是,“选举日”恰好是他们被俘一周年的纪念日,而且在临近11月4日的那些日子里,美国媒体报道此事的力度达到了出人意料的程度,夜以继日反复播出的画面都是人质蒙住双眼像牲畜一样被牵来牵去。多少年来,在不同的教室里或者公开讲台上,我常被问及,我是否愿改变我作为总统做出的某个实质性行动或决定。我不无幽默地答:“我原本应该多派一架直升机,以确保1980年4月人质营救行动的成功。”不过我的确认为,如果我当初这样做了,我一定会再次当选。①

(2)罗伯特·欧德(Robert C. Ode,1916—1995)——人质事件中受困人质

当阿尔及利亚空乘人员的声音传来“你们已经离开伊朗领空”时,飞机上的美国人质们欣喜若狂。这一刻我们已经等待了444天,如今我们知道我们自由了。即使之前伊朗的恐怖分子们说了我们被释放了,我确信没有一个人质能真正能感受到这一点,直到此刻……多少个月来,我们仿佛被抛弃了,直到我们听说两国关于释放我们的谈判正在不断进展——尽管除了“有事要发生了”之类的话,那些恐怖分子很少给我们那方面的消息或者希望……当玛丽(人质事件中的美国特约记者)问我伊朗人对我好不好时,我说:“有很大的提高空间。”当她问我成为人质是不是合乎情理时,我回答到:“当然不!这种事从来就没有道理。”②

2. 局外人

(1)洪秀菊——中国台湾空中大学副教授

美伊人质危机,是属于既解决问题又犯错的类型。

---

① [美]吉米·卡特:《我不会对你说谎!》,王海舟等译,广西师范大学出版社,2013年,第373页。

② Robert Ode, *Iran Hostage's Diary*. http://www.jimmycarterlibrary.gov/documents.

卡特的成功表现在:①达到目标、完成使命。危机一开始,卡特总统确定了两个目标:第一,保证美国的国家利益和荣誉;第二,安全释放美国人质,并且坚持a.不准伊朗巴列维国王回伊朗,b.不为美国过去的政策和行为道歉,c.不允许使领馆的人质接受审判。每一个预定的目标和目的,均完美无缺,不受损害。就效率而言,花14个月或444天,拯救五十多名人质,代价高了一点,离零缺点有一定距离,卡特政府能力差强人意。就效能而言,多少化解了1953年以来伊朗多数人对美国的仇恨;去除他们对中情局的阴影、美国帝国主义的干预,成全伊朗民族主义自尊和真正独立自主的心愿,获得伊朗真正的友谊。②抵挡美国巴列维主义的最后一位守门员。卡特力排众议,组织巴列维逃亡美国。要不是巴列维得了癌症,基于人道精神才让巴列维到美国纽约治病,这种坚持和决断,对确保美国国家利益而言,诚然难能可贵。③玫瑰园策略,即死守白宫、拥抱人质的精神。对美伊人质危机而言,是一种负责任的表现。④极力支持人质危机的处理和谈判。对人质家属组织FLAG的要求和需求,比如拜访欧洲各国领袖,立法保障人质及人质家属的权益等,卡特都极力配合。

卡特的失败点亦可分几点说明:①军事援救失败。②美伊人质危机对卡特来说,可谓是“天不时,地不利,人不和”。时间刚好赶上卡特第一任期的最后一年。而美伊的地理位置又相隔遥远,巡洋舰要绕道大西洋、印度洋、波斯湾,或地中海,飞机大炮补给不易,有时要越境他国,有时要借用他国军事基地,不仅不便,而且运载成本很高。卡特内阁阁员失和,特别在人质危机决策过程中,布里辛斯基(布热津斯基)一再排挤范锡(万斯),军事营救人质是他们正式决裂的关键因素。③人权政策。卡特的美伊人质危机,有人归咎于卡特的“人权政策”,即卡特政府宁愿助长亚非拉国家的“集权”马克思共产政权,而不愿支援“专制”的独裁政权,以致纷纷陨落。他要多家发展银行停止援助伊朗,理由是这些国家不推行人权政策。卡特的美伊人质危机可以说是自食其“人权政策”之果了。

伊朗也有得有失。其得的一面是①致巴列维于死地。②击垮卡特政府使之落选。③美伊人质危机帮助阿梅尼完成权力斗争的内部整合。④要回了美国扣留的伊朗政府财产。伊朗失的一面是要不回巴列维的财产。[①]

(2)杨兴礼——西南大学教授

在对待美国人质问题上,伊朗领导人中间存在着分歧。一些希望伊朗改善与西方关系的人主张释放人质。戈特布扎德外长表示,毫无期限地扣押美国人质的做法不符合伊朗的利益。但是相当多的伊斯兰革命领导人坚决拒绝采取任何与美国和解的妥协立场。人质问题给伊朗带来越来越不利的因素,不但在外交上陷于孤立,而且在经济上也蒙受了很大的损失。1984年,美国指责伊朗是“世界恐怖和谋杀活动的最大支持者”,将其列入支持恐怖活动的国家名单,并阻止其他国家向伊朗提供帮助,美伊海军还多次发生冲突。伊朗多艘舰艇被击沉,海上采油平台被摧毁,美巡洋舰还误击了一家伊朗民航客机,死亡两百多人。至此,两国关系进入最糟时期,美国的“双柱战略”由此崩溃。[②]

思考题

1.伊朗人质危机的根本原因是什么?

2.在危机持续的四百余天里,美国为救回人质采取了哪些措施?

3.美伊双方在人质危机中各有怎样的得失?

延伸影片

《绑票追缉令:伊拉克人质危机》(美国/2011年)

---

① 洪秀菊:《危机决策、处理、谈判:美伊人质危机个案》,商鼎文化出版社,1999年,第338~342页。

② 杨兴礼等:《伊朗与美国关系研究》,时事出版社,2006年,第74页。

延伸阅读

1.何克勇、李凤、袁敬娜:《21 世纪的伊朗:政治、经济与冲突》,江苏人民出版社,2014 年。

2.Beatrice Forbes Manz. *Power, Politics and Religion in Timurid Iran*, Cambridge University Press, 2007.

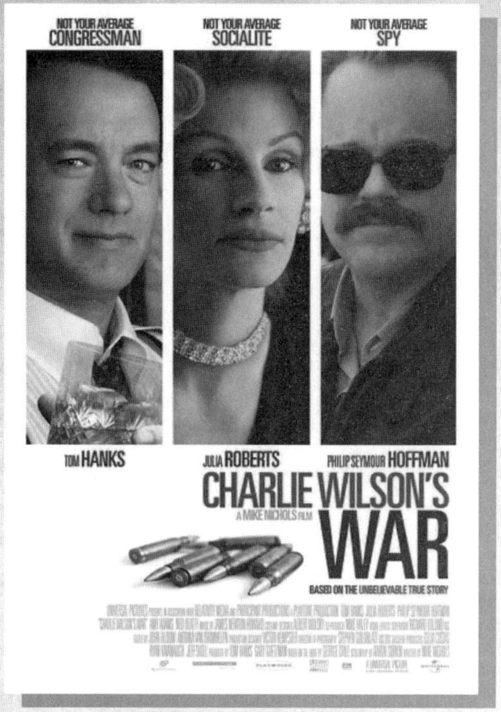

查理·威尔森的战争

时代背景 1978—1989 年

地域背景 巴黎

电影制作 美国 / 2007 年 / 102 分钟

电影导演 迈克 · 尼科尔斯

电影编剧 艾伦 · 索金 / George Crile

电影主演 汤姆 · 汉克斯 / 朱莉娅 · 罗伯茨 / 菲利普 · 塞 / 默 · 霍夫曼

014《查理·威尔森的战争》——苏联入侵阿富汗

【《查理·威尔森的战争》——影片简介】

电影《逃离德黑兰》里，一个人骗过了一个组织，而这部《查理·威尔森的战争》中的3个人，打败了一支军队。看似花花公子的查理·威尔森是一个来自德州的民主党国会议员；富有的乔安妮·贺琳是查理的挚友、赞助人以及政治立场上最忠诚的合作伙伴；桀骜不驯的盖斯特·阿夫亚克托则是一名“流氓特工”。3个人性格迥异，但却有着共同的目标——秘密援助阿富汗。查理所处的职位使他在国会、国防部和中情局之间游刃有余；乔安妮的万贯家财为他们的行动提供了资金支持；而盖斯特则从埃及、沙特、以色列等地源源不断地获取武器。查理、乔安妮和盖斯特取得了非常显著的成就，他们每年都会为各种反苏联的秘密行动提供大量资金，最终促成苏军撤离阿富汗。[①]

回到战争本身，苏联入侵阿富汗是冷战时期的重要事件，不管对于美苏的相持，还是对于阿富汗及中东地区的格局，都产生了深刻的影响。在如今的中东地区，许多曾经为保卫国家或救助穆斯林兄弟的圣战士已经退化为了恐怖分子，干起了那些入侵者所做的勾当。这也正像影片结尾想要告诉大家的道理一样，我们自以为居功至伟地改变了世界、拯救了世界，但其实我们仅仅是拉开了乱局的序幕。

---

① 时光网：http://movie.mtime.com/54125/。

【苏联入侵阿富汗——事件概览】

1.事件背景

20世纪70年代,美苏争霸出现了苏攻美守的局面。1978年4月28日,阿富汗人民民主党军官发动了政变,达乌德政权被推翻。人民民主党总书记塔拉基成立了革命委员会并担任主席兼总理,改国名为阿富汗民主共和国。这就是阿富汗爆发的“四月革命”。其后,塔拉基对阿富汗进行了大刀阔斧的社会主义改造,其中包括倡议阿富汗妇女解放、主张消灭封建借贷和限制地主能拥有不同类别土地的最高额度等。[①]这类政策在实践中违背了阿富汗的伊斯兰教传统,触动了毛拉们和国内封建地主的经济利益,遭到国内人民的普遍反对,阿富汗国内局势出现动荡。1979年3月起,阿富汗政府多次请求苏联派军干预,苏联均表示不直接出兵。而在阿富汗内部的权力斗争中,阿明逐渐架空塔拉基成为阿富汗的头号人物,苏阿矛盾日益突出。9月,阿明发动政变,塔拉基被除。11月底,面对阿富汗逐渐失控的局势,苏联领导人决定出兵。

2.事件过程

从11月底开始,苏联就开始在边境不断进行部署。12月8日,经过勃列日涅夫与安德罗波夫、乌斯季诺夫、葛罗米柯等重要决策者的商讨,苏联高层制定了两套方案:利用克格勃废黜阿明,如果不成功,就派遣一定数量的军队到阿富汗完成任务。[②]

---

① Hafizullah Emadi, *State, Revolution, and Superpowers in Afghanistan*, Preasher Publishers, 1990, p.82.

② 白建才:《论美国对苏联入侵阿富汗的政策与隐蔽行动》,《陕西师范大学学报》2011年第11期。

穆罕默德·达乌德

穆罕默德·达乌德(Mohamed Daoud,1909—1978 年),阿富汗政治家、军事将领、国务活动家、王室维新派领袖,曾任阿富汗王国首相(1953—1963 年)和阿富汗共和国总统(1973 年 7 月—1978 年 4 月)。达乌德出身皇族,但因与苏联和左翼关系密切而被称为"红色亲王"。1973 年 7 月 17 日,他在军队、共产党和苏联的支持下发动"七一七政变",推翻封建王朝,建立共和国。执政期间,达乌德推动了进步的社会经济改革,引发了国内动荡。1978 年 4 月 27 日,达乌德政权被阿富汗人民民主党发动政变推翻,其全家惨遭杀害。乌达德在担任首相期间,曾因独断和个人揽权过多引发国王查西尔不满,查西尔为此修改宪法规定王室成员不得参政,达乌德一度被迫辞去首相职务。达乌德在担任阿富汗共和国元首期间,一人兼任 4 职:总理兼外长、国防部长和最高经济委员会主席。

12 月 12 日,苏联政治局召开会议,正式批准出兵的建议。契尔年科手写了一份短小的出兵决议,勃列日涅夫最终签署并通过了该出兵决议。

12 月 24 日,乌斯季诺夫和总参谋长奥加尔科夫签署了正式的出兵指令。次日,第 40 军和空军受命越过阿富汗边境。27 日晚上 7 点左右,潜伏在喀布尔内部的苏联士兵将喀布尔通信系统炸毁,苏联空降兵随即控制了内务部大厦和警备司令部。同时,克格勃别动队和陆军特遣队开始进攻阿明的总统官邸。大约晚上 10 点 30 分,苏军最终控制了喀布尔电台。在进攻阿明官邸时,苏军遇到了保护阿明的阿富汗士兵的反击,有一百多人阵亡,而阿明则在双方的枪战中丧生。28 日,受到苏联支持的巴布拉克·卡尔迈勒被阿富汗人民民主党中央全会选举为党总书记,阿富汗政权在苏联人的干涉下发生了更迭。

在随后的一周内,苏军集结在苏阿边境的 6 个步兵师分东西两路向阿富汗发动攻势,并实现了对阿富汗主要城市和交通干线及阿富汗与巴基斯坦、阿富汗与伊朗边境地区的控制。

在苏联军队占领阿富汗后,国际社会纷纷予以谴责,然而苏联并未就此收手,而是将进攻矛头转向了阿富汗境内以反政府武装为主体的反抗力量。苏军在1980年2月至6月间先后发动了3次大规模攻击,针对喀布尔、巴格兰、库纳尔哈等地的武装游击队进行了全面"扫荡"。然而在阿富汗游击队的广泛抵抗下,苏军大规模行动收效甚微。

在此之后,苏军吸取经验,改变战术,在确保主要交通线和主要城市的同时,采取全面封锁、机降突袭等战术,集中优势兵力对反抗力量的主要根据地进行重点"清剿"。自1982年开始,苏联瞄准潘杰希尔游击队根据地发起猛烈进攻,一度占领该谷地,但游击队的机动性使得苏军始终无法将其彻底歼灭,双方一直纠缠至1985年年底。

在此期间,迫于国际社会的压力,苏联于1982年6月同意在日内瓦召开由联合国主持的间接会谈。在这之后的3年中,巴基斯坦政府代表和喀布尔政权先后进行了6次日内瓦间接会谈,但也未能在实质性的问题上达成相关协议。

日内瓦协议

日内瓦协议是1988年由美国、苏联、巴基斯坦和阿富汗喀布尔政权四方代表为解决阿富汗问题签订的协议。在阿富汗战局陷入长期僵持局面的情况下,苏联被迫接受调停。在联合国秘书长德奎利亚尔的主持下,各方在日内瓦签署了通过政治途径解决阿富汗问题的协议。协议内容包括一项关于由联合国提供监督的备忘录和4项具体文件。协议要求阿富汗喀布尔政权和巴基斯坦互不干涉内政,尊重阿富汗难民返回家园的意愿,并要求美苏两国共同为阿富汗提供国际保护。协议内容还规定,苏联军队从1988年5月15日起的9个月内完全彻底撤出阿富汗。该协议的签署为苏联入侵阿富汗战争的结束奠定了基础。至1989年2月15日,苏军按照协议规定全部撤出了阿富汗。

20世纪80年代中期成为苏联对阿富汗政策的转折点。苏联在旷日持久的阿富汗战争中承受了政治、经济、军事、外交等多方面的压力，而阿富汗的局势却毫无改观。1985年，戈尔巴乔夫上台。在执政初期，戈尔巴乔夫试图利用阿富汗政府军强化对阿富汗抵抗力量的军事进攻，但阿富汗游击队方面的抵抗依然坚决。面对巨大的消耗，苏联不得不于1988年4月14日表态接受《日内瓦协定》的相关决议，并在同年5月15日到次年2月15日分两个阶段，总共撤出全部军队达11.5万人。至此，苏联侵阿战争结束。

3.战争后果

苏联在阿富汗战场上的长期消耗既有苏阿双方军事战术和政局方面的内在因素，也与美国政府的从中作梗有关。美国为搞垮苏联实施了一系列战略措施，其中包括对阿富汗反政府游击队提供财政与军事援助。[①]在阿富汗战争中，苏联消耗了超过600亿卢布，却未能取得预想的成果。苏军阵亡13.31万人，受伤超过3.5万人，失踪300余人。并且在战后，许多战士染上了毒瘾或出现了精神上的问题。总体而言，苏联在政治、经济、外交、社会等多方面受到了沉重打击。从一定程度上来说，阿富汗战争加速了苏联的衰落。而在阿富汗，无数平民流离失所，其经济也受到毁灭性的打击。圣战者的抗苏行动推动了伊斯兰复兴运动，但阿富汗的政治局势却一直处于动荡之中。

① 李琼：《苏联、阿富汗、美国：1979—1989年，三国四方在阿富汗地区的一场博弈》，硕士学位论文，华东师范大学，2007年，第153~160页。

被苏联军队炸毁的阿富汗村庄

图片来源:维基百科

【苏联入侵阿富汗——事件评价】

1. 局内人

(1)列昂尼德·伊里奇·勃列日涅夫(Leonid Brezhnev,1902—1982)——时任苏共中央总书记

1978 年 4 月以来,成千上万名在国外武装起来和受了训练的叛乱分子及完整的武装部队被派到阿富汗的领土上,这是帝国主义及其帮凶对革命的阿富汗"发动了一场未经宣布的战争"。而阿明助长了侵略者反对阿富汗的行动,他的残酷统治,削弱了"四月革命"所依靠的社会基础。这种情况使阿富汗丧失本身的独立,并把它变成帝国主义在我国南部边界的军事基地的现实危险。对我们来说,向阿富汗派遣苏联军事人员不是

一个简单的决定。但是党中央和苏联政府采取的行动是充分意识到自己的责任的,并考虑了整个情况。对苏联人提出的唯一任务就是帮助阿富汗人民反击外来侵略。只要迫使阿富汗领导请求我们进入的原因不存在了,苏联人就将在阿富汗完全撤出。①

(2)吉米·卡特

如今,苏联正进行着激进而充满攻击性的行动,它正在对一个相对无力防御的国家使用自己的军事力量。苏联入侵阿富汗可能已经将二战结束以来最严重的威胁摆在了我们面前……苏联需要回答这些问题:它是愿意推动一个其法律与和平有保障的稳定国际环境的形成,还是想继续超越其真正的安全需要而扩张军队,并运用军事力量进行殖民扩张?苏联必须意识到,其对阿富汗动武的决定将使其重视的一切政治和经济关系付出代价。让我们重申立场:苏外部势力攫取控制波斯湾地区的任何企图,都将被看作是对美国根本利益的进攻。对于这种进攻,美国将使用包括军事力量在内的任何必要手段,予以击退。

(摘自 1980 年 1 月美国国情咨文)

2.局外人

(1)邢媛媛——中国社会科学院世界历史研究所研究员

许多俄罗斯论者称苏联在阿富汗落入了西方的战略陷阱。其实,首先是苏联自身为对手提供了机会,而西方只是抓住了良机。苏军入侵阿富汗后,美国迅速制定了一整套战略战术计划,动员全部资源从政治、经济、外交等方面对抗苏联。巴基斯坦成为阿富汗游击队的可靠后方,美国、伊朗、沙特阿拉伯等国实际上已"间接参战"。苏联陷入

① 吴伟:《勃列日涅夫传》,世界知识出版社,1997 年,第 301~302 页。

政治和道义灾难，受到全世界孤立。但是说苏军在阿富汗战败并不确切，苏联的失败是政治失败。苏军不仅保护了亲苏政权和苏联的战略利益，而且积累了丰富的作战经验，即从纯军事角度看，苏军的表现也并非一无是处。西方专家曾认为，20 世纪 80 年代中期，苏军已能很好地胜任作战任务。2001 年 11 月 11 日，普京对一群美国记者表示：苏联在阿富汗并未战败，且“在军事方面实现了所有的既定目标”，只是“犯了许多不可原谅的政治错误”。苏联在阿富汗付出了惨重的代价。从1978 年到 1990 年，光是对阿富汗的各种援助、贷款等项就高达 85 亿卢布，而用于战争的费用比这高得多。苏军参战军人先后达到 62 万人，文职人员也有 21000 名。其中近 1.5 万名官兵阵亡，受伤人数为 53753 人，生病者达 415932 人。许多苏军士兵回国后，讲述了在阿富汗的暴行，令苏联社会震惊。调查表明，1/3 以上的老兵都有严重的“阿富汗综合征”，需要心理帮助，其具体表现：易怒、凶狠、失眠、罪恶感、有自杀或杀人倾向，等等。他们被称为“阿富汗人”。这种“综合征”会在战争结束半年、几年或几十年后发作，因而是一种心理上的“定时炸弹”。比起肢残者，他们是心理残疾者。75%的“阿富汗人”离婚或家庭矛盾尖锐；2/3 的“阿富汗人”对工作不满意，经常跳槽；50%到 70%的“阿富汗人”随时准备重返阿富汗；许多人用酗酒、吸毒来舒缓紧张心理。一些“阿富汗人”似乎已适应了和平生活，但是“阿富汗综合征”会随时爆发，带来毁灭性的后果。战争的恶果还不止于此。1989 年，苏军撤离后，阿富汗迅速陷入残酷的内战。在短时间内，阿富汗“崛起”为世界上最大的毒品生产国，使俄罗斯深受其害。有数字表明，俄罗斯每年因阿富汗毒品而死去的人数，是苏军在阿富汗战争期间死亡人数的两倍。俄罗斯社会因阿富汗战争而遭到了严酷报复。①

---

① 邢媛媛：《苏联入侵阿富汗 30 周年祭》，《共产党员》2010 年第 3 期。

(2)王缉思——北京大学国际关系学院教授

苏联入侵阿富汗以后陷入外交困境,苏美争霸进入了“美攻苏守”的最后阶段。苏联侵略阿富汗是战后苏联在对外关系方面犯下的最大错误。阿富汗是一个经济落后、部族矛盾复杂的国家。当时阿富汗的亲苏政权被推翻,并没有对苏联的战略利益造成重大威胁。苏联以维护其南部边界的安全、“履行国际义务”为由,辩称“应阿富汗政府请求”,派数万军队入侵并占领这个主权国家,激起了国际社会的强烈反应,大大损害了苏联的国际形象。①

思考题

1.苏联为什么要入侵阿富汗?

2.美国在苏联与阿富汗的鏖战中起了怎样的作用?

3.苏联入侵阿富汗对于冷战产生了怎样的影响?

延伸影片

《坦克追击令》(美国/1988 年)

延伸阅读

刘温国、郭辉:《强弩之末》,社会科学文献出版社,2001 年。

---

① 王缉思:《苏美争霸的历史教训和中国的崛起道路》,载中共中央党校国际战略研究所编:《中国和平崛起新道路》,中共中央党校出版社,2004 年,第 17~18 页。

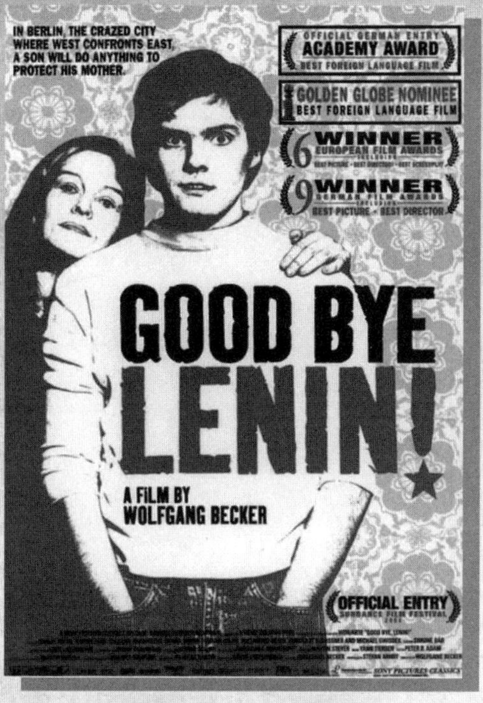

再见列宁

时代背景 1989 年

地域背景 德国

电影制作 德国 / 2003 年 / 121 分钟

电影导演 沃尔夫冈 · 贝克

电影编剧 贝恩德 · 里希坦伯格 / 沃尔夫冈 · 贝克

电影主演 凯萨琳 · 萨斯 / 丹尼尔 · 布鲁赫 / 玛利亚 · 西蒙 / 楚潘 · 哈玛托娃

015《再见列宁》——两德统一

【《再见列宁》——影片简介】

看到《再见列宁》的片名,有的人会感到一丝戏谑,有的人则感到了一阵悲凉。当坚守在社会主义阵营最前线的民主德国在时代的变迁中放下长久的信仰,放下对列宁所描绘的理想世界的追逐,我们都不知道该为之悲哀,还是为之庆幸。

影片以男主人公的视角进行叙事,他的母亲是社会主义的坚定信仰者。然而在母亲昏迷的日子里,国家发生了翻天覆地的剧变。由于母亲不能承受刺激,儿子选择了伪装周遭的一切——把母亲的房间装修成原来的样子,从邻居那里搜集来老旧的衣饰,自己拍摄过去的新闻,并把当下的食品重新装进老式罐头里,甚至在母亲生日之时请来母亲曾经的学生为她演唱民主德国歌曲。苏醒的母亲以为一切依旧,然而纸终究包不住火。一次偶然的机会,母亲走出家门,终于被外界的一切所震惊。儿子只好以自己的方式,向母亲讲述民主德国的变迁。影片的最后,在礼花声中,母亲看着儿子制作的德国统一的新闻含笑离世。

影片利用室内和室外的两个世界描绘了德国统一给民主德国人民带来的生活上的巨大改变。当国家与列宁说再见的时候,生活在这片土地上的人民也不得不和过去的信仰道别。有的人在新世界里重获新生,有的人则痛苦地活在夹缝中。影片中的母亲无疑是后者,当她为之付出半生的祖国突然之间抛弃了过去,她拥有的还有什么?幸而还有家庭的温情,还有儿子为母亲营造的那一片幻象,在迷茫之中给人以面对变故的勇气和面对未来的希望。

当影片最后宇宙飞船载着母亲的骨灰飞入夜空,我想我们无法断言过去那份信仰是否虚无缥缈,但是新的生活已经到来,人们必须鼓起勇气生存和生活下去。

【两德统一——事件概览】

三次柏林危机

二战结束以后,德国作为战败国,受到美、英、法、苏四国的分区占领。

由于西方国家与苏联之间的对立,德国成为双方角力的第一线,由此引发了三次柏林危机。

第一次柏林危机发生于1948年。在美国的极力推动下,美、英、法三国的占领区共同成立联邦德国,并确定由6月21日起开始实行货币改革。这一举动受到了苏联的强烈抗议。6月22日,苏占区也实行货币改革,发行新的D记号马克。其后,苏联从6月24日起全面切断西占区与柏林的水陆交通及货运,只保留联邦德国通往柏林的三条走廊通道。这一冲突史称"第一次柏林危机",该危机直到1949年5月苏联解除封锁之后才得以缓和。

第二次柏林危机发生于1958年。随着美英法支持下的联邦德国的强势发展,苏联感到无力将德国统一。为此,苏联于1958年11月27日单方面向美、英、法三国发出照会,要求它们在6个月之内从西柏林撤军,使西柏林成为自由市,否则,苏联会把西柏林的过境检查改由民主德国负责。这一"最后通牒"遭到了美、英、法三国的拒绝,双方剑拔弩张。随着苏联的主动妥协,美苏双方同意通过四国首脑会议解决柏林问题,危机解除。

第三次柏林危机发生于1961年。在第二次柏林危机之后，四国先后于日内瓦、大卫营、巴黎以及维也纳召开会议。1961年6月，苏共领导人赫鲁晓夫在维也纳会议上再度要求美、英、法撤出柏林，遭到拒绝。此后双方僵持不下，最终苏联于8月13日封锁了东西柏林之间的边界，并且开始筑起柏林墙。此次危机直到苏联冻结德国和西柏林问题才得以解决。①

1.事件背景

二战结束后，美、英、苏三国通过雅尔塔会议和波茨坦会议确定了一系列处置和改造战败国德国的措施和原则。然而由于四大占领国（美、英、法、苏）在权力分配和规则制定上分歧不断，德国形势不容乐观。1949年，德意志联邦共和国在合并后的美、英、法占区成立。而在德国东部的苏战区，苏联则帮助建立起了德意志民主共和国。其后发生的三次柏林危机使德国局势进一步紧张。为了阻止东西柏林人的自由来往，特别是东柏林的人员流失，民主德国政府于1961年开始沿着西柏林的边界修建柏林墙，西柏林人若要进入东柏林必须经过边境检查并办理入境手续。此后，赫鲁晓夫正式取消英、美、法于12月底前撤出西柏林的最后通牒，并单方面撕毁美苏两国为期三年的禁止核试验协议。美国针锋相对，也恢复其地下核试。自此，柏林墙成为德国分裂以及美苏对峙的标志。

2.事件过程

在东欧剧变的影响下，民主德国颁布了新的边境管理条例，并于1989年3月28日开始实施，条例放宽了对公民出境的管制，从而直接引发了民主德国人民迁移至联邦德国的逃亡潮。同年5月2日，匈

① 曹卫平编著：《世界现代史简明辞典》，陕西人民出版社，1992年，第204~205页。

> **新东方政策**
>
> 新东方政策是勃兰特出任联邦德国总理后提出的外交方针。该政策一改此前拒绝承认民主德国、不与东欧国家建交的态度，旨在缓和联邦德国与社会主义国家之间的关系。这一政策的主要内容包括：①承认战后欧洲各国的现有边界，改善与苏联和东欧各国的关系；②承认德意志民主共和国是一个独立的主权国家，并表明两德关系正常化及和平统一的意愿。“新东方政策”在很大程度上改善发展了联邦德国同苏联、东欧国家的关系，其为后来的德国统一奠定了基础。

牙利政府宣布拆除与奥地利交界处的边界设施与铁丝网，上万民主德国公民得以绕道匈牙利和奥地利而进入联邦德国。越来越多的出逃民众和游行抗议迫使民主德国于 11 月 9 日决定开放柏林墙，由此激起的民族热情，使得德国统一的问题被提上日程。

1989 年 10 月 7 日，正值民主德国 40 周年国庆日，数万民众走上柏林、莱比锡、德累斯顿、波茨坦等民主德国主要城市的街头进行抗议示威，要求放宽新闻控制、获得旅行自由。在首都柏林，示威人群还与警察爆发了冲突，导致数百人被捕。混乱的局面剧烈地冲击了民主德国的局势，民众对于自由选举等政治议题的呼声也越来越强烈。政府高层也发生了变动，民主德国德国统一社会党领袖埃里希·昂纳克于10 月 18 日宣布因为健康原因辞职。接替他的埃贡·克伦茨在上台后随即宣布实行“彻底改革”，赦免所有外逃和参与游行的人，并与联邦德国政府正式接触。然而改革并没有挽回民心，反而使得民间的抗议活动愈演愈烈。在强大的压力下，民主德国政府与德国统一社会党政治局先后宣布集体辞职，并由克伦茨领导新政治局。民主德国宣布其公民无须申报特殊理由即可办理护照，民主德国居民获得迁徙的自由。12 月 1 日，民主德国议会通过宪法修正案，删去了宪法中国家受工人阶级及其马克思列宁主义政党领导的条款。此后，由克伦茨领导的德共政治局再次全体辞职。为了解决民主德国的未来走向，统一社会党、民主党派、反对派等各党派在柏林召开了圆桌会议。会议决定逮捕包括昂纳克在内的德国统一社会党领导人并调查这些人当政时的犯罪行为，同时制定民主德国新宪法，遣散秘密警察部队，并决定于 1990 年 5 月 6 日举行大选。1990 年 1 月 28 日，民主德国政府迫于民众压力又决定将大选日提前至 3 月 18 日。

在民主德国政局大变的同时，联邦德国方面也意识到德国统一的机遇已经来临。1989 年 11 月 28 日，联邦德国总理科尔在未事先通知四大国的情况下，提出了实现德国统一的“十点计划”。尽管计划遭到了民主德国的拒绝，但是两德统一的呼声逐渐走上台面。次年 2 月 13 日，四大国外长和两德外长利用出席渥太华北约和华约“开放天空”会议的机会，共同制定了“2+4 方案”，即先由两德内部解决统一问题，再由四大国参与共同解决外部问题。①

经过 3 月 18 日的民主德国大选，民主德国基民盟成为第一大党，民主德国社民党成为第二大党，民主社会主义党为第三大党。4 月 12 日，民主德国基民盟和民主德国社民党宣布联合组阁。民主德国新政府上台后，与联邦德国签署了国家条约，就两德建立货币、经济和社会联盟的事宜进行了规定，联邦德国马克成为两德共同的货币。在此基础上，1990 年 8 月 3 日，两德签署了第二个国家条约——《关于恢复国家统一的条约》。该条约基本解决了德国统一的内部障碍，对国家统一的原则、时间等进行了解释，并对统一后的行政区划、国名、国旗、宪法等都做了细致的规定。1990 年 9 月 12 日，两德和四大国外长在莫斯科正式签署《最后解决德国问题的条约》，解决了外部边界、核武器、四大国的权利和义务等问题。10 月 3 日，两德统一庆典在柏林举行，两德正式宣布统一。12 月，赫尔穆特·科尔领导的联合政府成为统一的德国的首任执政者。②事实上，两德统一并非简单的领土和政权合

---

① 杨永海：《两岸和平统一路径研究》，首都师范大学，硕士学位论文，2011 年，第 13 页。

② 方连庆主编：《国际关系史》（现代卷），北京大学出版社，2006 年，第 844~845 页。

并,而是民主德国通过并入联邦德国的方式完成的德国统一。在讨论两德统一的过程中,有两个方案可以选择,一是纯粹修改联邦德国基本法,将其权力扩展到民主德国五个州;二是把统一过程当成两个国家的正式合并,产生一个新德国并重写宪法。由于第一个方案程序较为简单且并非创立一个新国家,因此成为当时两德统一的方式。然而不少人认为这种方式没有将民主德国视为对等主权国,因此使原民主德国几个州长期存在“被占领”情绪。

德国人在国会大厦前庆祝统一

图片来源:德国联邦档案馆

3.事件影响

德国统一,是20世纪90年代欧洲影响最深远的事件之一。从内部来讲,德国统一历经了艰巨的经济及意识形态转轨。同时,两德的合并并非“相融”,而是联邦德国逐步“西化”民主德国的过程。从外部来看,两德的统一使德国一跃成为欧洲经济“超级大国”,其国际地位也不断提升。并且,德国的统一大大地推进了西欧的联合,欧盟由此得以进一步发展。总的来说,两德的统一是美苏缓和的产物,更是德国人民积极推动的结果,它推动了后冷战时代的全球多极化发展。

【两德统一——事件评价】

1. 局内人

（1）赫尔穆特·科尔（Helmut Josef Michael Kohl，1930—2017）——时任联邦德国总理

在（1990年）10月2日至3日的那个夜晚，黑红黄三色国旗伴随着德国国歌在帝国议会大厦门前冉冉升起的那一刻，对我来说是一个梦想的实现。在经历了几十年痛苦的分裂之后，我们的祖国以不流一滴血和泪的和平方式重新统一了。这是当今世界的一大典范。我和我的妻子站在帝国议会大厦高大门楼下的台阶上，看着周围五十多万兴高采烈的欢庆人群，此时此刻，我感到无比幸福。在10月3日之前的几个月中，我们经历了一系列戏剧性的变化。但是这个过程并未结束，那时苏联还存在，历史悠久的圣彼得堡依旧叫作列宁格勒。而我们当时有充分的理由期望进行改革和改善我们大陆东半部民众的生活水平。四十多年来，我们第一次有机会在毫无疑问的情况下，为未来建成这座完整的“欧洲大厦”。而我的内心则充满了深深的感激之情，许多人为德国的统一做出了贡献。此时此刻有谁会忘记像乔治·布什和米哈依尔·戈尔巴乔夫这样的知名人士呢？但我想提醒大家，记住德国政坛上、我们党内、基督教民主联盟——基督教社会联盟议会党团和联邦政府中难以计数的人士，是他们坚定不移地为统一事业做着所谓平凡现实的工作。这些朋友中有些现已无法和我们共享德国统一的这一天，譬如阿登纳最亲密的战友之一、在柏林墙倒塌前三个月才刚刚去世的亨利希·克隆纳。如果没有众多女士和男士的努力，我们的梦想是难以得到

实现的。这天晚上，我站在帝国议会大厦前还想到了制定基本法的女士和男士们，是他们要求全体德国人民以自主决定的方式完成德国统一大业。当世界政治发展给予我们这个机遇时，我们就运用自己的力量落实了宪法赋予的使命。这一点使我内心激荡着一种满足感。①

(2)米哈伊尔·谢尔盖耶维奇·戈尔巴乔夫(Mihail Sergee-vich Gorbachev，1931—)——时任苏共中央总书记

如果我说我早就预见到了德国问题将如何解决，为此苏联对外政策将面临哪些问题，那将有幸于事实真相。我不相信今天健在的政治家(无论是东方的还是西方的)有人曾经在事件发生前一两年预见到了后来发生的事。民主德国发生剧变之后，事态急转直下，以致出现了局面失控的危险。回顾当年，今天我可以问心无愧地说：在那样一个具体的情势下，无论从保障我国利益的角度而言，还是从维护欧洲和平、挽救全欧进程而言，我们都是竭尽全力了的。

1990 年 11 月 9 日到 10 日，我访问了统一后的德国，他们举行了隆重的欢迎仪式和文件签字仪式。这些文件为正常的、现代的、真正友好的德苏关系奠定了国际基础和道义政治基础。

我们共同的古代史、近代史和现代史终结了，现在开创了——我相信是永远地开创了——德俄关系的这样一个新时期。在这个时期，若干世纪以来俄德关系中积累下来的全部宝贵财富将发挥作用。给两国人民带来这么多灾难和不幸的东西被一笔勾销了。

苏联和它的反希特勒同盟盟友之所以给德国的统一开了“绿灯”，除了其他原因外，还出于这样的考虑：一个民主的、政治稳定和经济健全的德国，一个确定了国境、满意于社会政治制度、满意于自己在欧洲和世界上所扮演的角色的德国，将是欧洲进程和国际进程

---

① [德]凯·迪珂曼等：《我的目标是德国统一》，葛放译，辽宁人民出版社，1999 年，第 1~2 页。

的重大因素。

然而要是认为德国的统一会自动导致这个目标的实现，那就未免太天真了。今天大概人人都明白，还需要一个相当长的时期，在这个时期拉平东西部的生活条件将是统一德国的要务之一。这需要付出极大的努力，需要巨额的投资，需要制订深思熟虑、细致周密的社会政策，需要照顾到一些“新”州的特点。当然最艰巨而长期的任务是“头脑中的变革”，养成重新联成一体的统一民族的精神，克服分裂时期遗留下来的心理状态。不如此，也无法保证统一后的德意志国家的完全稳定。这是整个欧洲的利害所在。从历史上可以很清楚地看到，对于欧洲而言，在它的中部发生的任何不稳定都会引起严重的后果。

这是问题的一个方面。问题的另一个方面是如何克服东西欧生活质量的差距。这个课题必须解决，德国(以及整个欧洲)是回避不了的。欧洲两个部分的所有政治问题、经济问题、社会问题、生态问题都紧紧地交织在一起。试图漠视这个现实，终究会使自身的利益受到威胁。

德俄两国的伙伴关系是任何一个严肃的全欧建设方案的关键内容之一。拿“新拉帕洛”做某些类比是不恰当的，有点政治投机的味道。我热切地希望，在当前的困难时期，无论是俄国还是德国都不会丢弃90年代我们两国关系中所积累起来的一切积极的东西。[①]

(3)乔治·H.W. 布什(George Herbert Walker Bush, 1946—)——第41任美国总统

45年来，从柏林到波恩，从东部的莱比锡到西部的莱茵河畔，所有的德国人民都在等待着这一天。对于世界来说，这45年是紧张与混乱的。对于德国来说，命运尤其残酷。45年来，在欧洲大陆的中心，在东西对抗的最前沿，德国却陷于分裂，一个民族被分隔两地。今天，新的

① [俄]米·谢·戈尔巴乔夫:《戈尔巴乔夫回忆录》，述弢等译，社会科学文献出版社，2003年，第17页。

篇章在德国展开，45 年的冲突和分裂已经被我们抛在身后，如今的德国已经统一，德国已经完全自由。美国为能与德国共同赢得自由而骄傲，为长期致力于德国的统一而自豪。美国一直都是德国的朋友与盟友，在现在，在未来。我们的人民也因为共同的文化渊源与历史遗产而紧紧联系在一起。过去几年，我们的友谊从未如此彰显无遗，如今的成就我们友谊的果实。在过去的一年里，我们见证了世界的变迁。即使如今德国正在欢庆其新的开端，其未来无疑仍然充满新挑战以及责任。我确信美国和德国将在我们共同的信仰之下并肩作战。今天，对于德国、对于世界都充满了意义。就在德国新议会第一次会议召开地的不远处，严峻地耸立着代表冷战的柏林墙。这么多年来，向往自由的人们幻想着某一天那座墙会消失，那时，德国将重新得以统一，并在世界事务中发挥和平与稳定的作用。如今，柏林墙已经倒塌，我们的双眼都注视着这个充满希望的世界。如今，德国再次统一，如今，这堵墙不再将国家与世界一分为二。现在，柏林墙的残垣仍留在一个自由柏林的中心，这是一座由砖石、铁丝构成的残破的纪念碑，是人类的精神不可阻拦、国家意志不可冲垮的证明。如今，德国进入了新的时期，用你们的圣歌来说，一个"统一、正义、自由"的时代。在此刻，当我们与你们共同憧憬未来，请让我代表所有的美国人民祝福你们，愿上帝保佑德国。①

（摘自布什总统在德国统一典礼上的演讲）

2. 局外人

(1)林荣远——翻译家、德国问题专家、前国际关系学院教授

德国统一的外部条件很大一部分是在"2+4 会议"上谈判与协商

① George Bush, *Address to the German People on the Reunification of Germany*, U.S. Embassy in Germany, 1990.10.2.http://usa.usembassy.de/etexts/ga6-901002.htm.

的。由于德国统一不是采取缔结和约的方式，而是由当年四大战胜国与两个德国签订《关于最终解决德国问题的条约》，1945 年 5 月 8 日，德国投降之时 63 个处于对德战争状态的国家中的绝大多数被排除在谈判与协商之外，这似乎表明，当今世界事务的解决仍未摆脱“大国主义”的倾向。[①]

(2)夏安凌——华中师范大学政法学院教授

德国的统一是在世界多极化格局不断发展的国际环境中实现的，是多极化发展的直接体现；同时，德国的统一又进一步推动了并将继续推动世界多极化格局向纵深发展。第一，重新统一后的德国虽然没有超级大国那样辽阔的国土面积、核武器数以及数以亿计的人口，但是统一后的德国拥有相对于欧洲国家来说占优势的人口和经济实力，堪称欧洲的经济大国。同时，德国的经济潜力以及发展前景，加速了西方大国之间经济实力的均衡化，使经济力量对比关系发生了明显有利于德国的变化，从而从根本上结束了美国在世界经济中的绝对优势和主导地位。此外，德国在欧洲的中心位置，使它成为连接欧洲东、西两部分的桥梁，欧洲的政治中心不可避免向它发生位移。德国的国际地位明显提高。一个强大的德国出现在欧洲和世界舞台上，表明世界多极化的发展不可逆转。第二，德国的重新统一，进一步增强了欧洲共同体的实力，使其成为多极格局发展过程中的主要角色之一。[②]

思考题

1.德国的分裂是什么原因造成的？

2.是什么因素促成了德国的统一？

---

① 林荣远：《德国统一的外部条件：四大战胜国对德政策的转变》，《西欧研究》1991 年第 1 期。

② 萧汉森、黄正柏：《德国的分裂、统一与国际关系》，华中师范大学出版社，1998 年，第 441 页。

3.德国统一对于世界上其他处于分裂状态的国家有何借鉴意义?

延伸影片

1.《柏林墙以东》(西德/1987 年)

2.《窃听风暴》(德国/2006 年)

延伸阅读

1.[俄]米·谢·戈尔巴乔夫:《我与东西德统一》,王尊贤译,中央编译出版社,2006 年。

2.[德]扬·维尔纳·米勒:《另一个国度:德国知识分子、两德统一及民族认同》,马俊、谢青译,新星出版社,2008 年。

》| 地下

时代背景 1941—1995 年

地域背景 南斯拉夫

电影制作 法国 / 南斯拉夫联盟共和国 / 德国 / 1995 年 / 170 分钟

电影导演 埃米尔 · 库斯图里卡

电影编剧 杜赞 · 科瓦泽维奇 / 埃米尔 · 库斯图里卡

电影主演 马诺伊洛维奇

016《地下》——南斯拉夫解体

【《地下》——影片简介】

在《再见列宁》出品之前,就已经有电影以类似的叙事手法表现了另一个国家的兴衰历史——《地下》,一部产于南斯拉夫解体之后的史诗,同样利用“蒙在鼓里的人”的视角表现了时局剧变所带给人的震撼与茫然。如果同时观看两部影片,那么我们一定会感慨于民族与政治的变化莫测——同样处在社会主义阵营变革的十字路口,德国走向了统一,而南斯拉夫走向了分裂。

《地下》的故事线覆盖了南斯拉夫从解放到分裂的漫长历史,看似是一个疯狂怪诞的后现代喜剧作品,但实际上这部影片颇有以喜言悲的感觉。

影片开篇就是半晚,男主角马高和黑仔一边撒着钞票,一边伴着疯狂的音乐胡乱放枪,完全看不出大战将至的山雨欲来风满楼。这幕场景奠定了这部影片的基调——它不是一部严肃的历史片,也不会是一部可歌可泣的英雄史诗,而是一场荒诞的闹剧。果然,当第二天清晨德军的轰炸机把炸弹倾泻在南斯拉夫的土地上时,导演竟安排了一头大象偷鞋的镜头来抵消战争带来的负面情绪。

就像开头一样,导演努力地用引人发笑的桥段来使观众忘记战争所带来的痛苦,甚至不止一次地在严肃的场合请出了《莉莉–玛莲》这首歌曲,这其中包括空袭时和铁托的葬礼上。

导演这样的“不严肃”并不是因为他个人的玩世不恭,恰恰相反,是因为他不能忘记这场国家的苦难。正如马高在片中所讲:“我们都疯了,我们只是还没有被诊断出来。”在承受偌大的悲痛时,也许只有癫狂和怪诞才能将这种悲痛表达出来,世人只有诊断出导演的疯,才能体味出他心中的痛。影片最后,小黑纵身跃入水井,在另一个世界与曾经的伙伴们快意恩仇,在如开篇一样的奏乐声中,他们所在的陆地逐渐割裂、漂离,载着一辈人曾经的爱与恨、喜与悲,走向历史,走向永恒。当一直无法流畅说话的伊万在影片最后平静地说“我们应该记住祖国,记住那些悲伤与欢乐,我们会像讲童话一样对孩子说,曾经有一个国家……”之时,作为观众的我们也不得不为这样一个国家的兴衰而感叹。

【南斯拉夫解体——事件概览】

1.南斯拉夫解体背景

20 世纪 80 年代末, 整个社会主义阵营受到了东欧剧变的撼动。与此同时,南斯拉夫这片土地也因为联邦内部的种种社会矛盾与经济危机而处于风雨飘摇之中。

自社会主义阵营形成以来,不仅受到来自资本主义阵营的外部打压,内部也矛盾重重。1956 年的波兰和匈牙利事件、1968 年的苏联入侵捷克斯洛伐克事件、1980 年的波兰团结工会运动等一系列事件,不断加深着阵营的裂痕。当时间推进到 1989 年秋天,震惊世界的东欧剧变开始爆发,东欧社会主义国家的社会性质与政治结构由此发生了翻天覆地的变化。剧变后的东欧,五花八门的政党和政治组织竞相出现,几乎每个国家都有数十个甚至数百个大小不一的党派。同时,各种议会选举、总统选举与“休克疗法”加剧了各个国家内部社会政治力量的尖锐对立。在东欧社会主义国家迅速瓦解的情况下,南斯拉夫联邦成为社会主义在欧洲的最后堡垒。然而这个堡垒的内部并不平静。南斯拉夫联邦各地不断发生动乱,而南共联盟内部多次会议也无法达成一致的应对路线，南斯拉夫的前途一片迷茫。

苏南冲突

苏南冲突，即苏联与南斯拉夫联邦冲突，集中表现为苏联领导人斯大林与南斯拉夫领导人铁托之间的分裂。在南斯拉夫开始脱离苏联的控制、实行独立自主的外交政策之后，苏联于 1948 年 3 月单方面撤走了对南斯拉夫的绝大部分人力资源援助。尽管南斯拉夫方面表示南联盟仍然遵循马列主义，并视苏联为社会主义同盟的楷模，但是苏联方面认为南斯拉夫反苏反共，背离了马克思列宁主义，轻视了苏联的经验与领导作用，并有机会主义倾向，甚至指责南共政府中充斥着西方的间谍。当年 6 月，南共拒绝出席苏联召开的布加勒斯特会议，苏联则在会议上批判了南斯拉夫的一系列政策，并宣布将其开除出欧洲共产党和工人党情报局。此后，在苏联的影响下，众多东欧国家与南斯拉夫断绝了贸易关系，并在政治、经济、军事等方面向南联盟施加压力。同年 11 月，情报局宣称南共为帝国主义的奴仆，鼓励南联盟人民站起来推翻南共领导人的统治。不久后，苏联和东欧诸国宣称与南联盟断绝所有关系。苏联和南斯拉夫之间的紧张关系一直到 1955 年苏共书记赫鲁晓夫访南才得以缓和，双方签署了《贝尔格莱德宣言》，从而使两国关系恢复正常。

波兰波兹南事件

波兹南事件发生于 1956 年，是波兰历史上第一次对波兰统一工人党政府的大规模罢工事件。斯大林模式在波兰的水土不服激化了波兰工人与政府之间的矛盾。1956 年 6 月 28 日，16000 名工人在波兹南进行示威游行，向政府要求更好的待遇和较低的税赋。然而游行很快演变为暴动，政府方面甚至出动了军队。根据官方说法，至少 74 人在政府的镇压行动中丧生，还有上千人受伤。虽然暴乱最终平息，但是无形的裂痕在波兰内部已经产生。

2.南斯拉夫解体经过

1990 年 5 月 26 日,在南共联盟第 14 次非常代表大会上,斯洛文尼亚和克罗地亚两个共和国的共盟代表团拒绝出席。此次非常代表大会改变原先的议程,既没有选举新的中央机构,也没有做出任何重要决议。虽然大会建议在 1990 年 9 月 29 日举行正式的民主重建代表大会,但是这一天并没有到来。

> **波兰团结工会运动**
>
> 团结工会隶属于波兰的工会联盟,成立于 1980 年的格但斯克列宁造船厂(即今日的格但斯克造船厂)。这个工会也是华沙条约签约国中首个独立于共产党的工会组织。20 世纪 80 年代,波兰的社会主义发展陷入困顿,在罗马天主教的影响下,团结工会领导波兰工人开始了一系列罢工运动。尽管一度遭到波兰共产党政府的政治迫害,但由于团结工会获得了工人阶级的支持,直接影响到了波兰政府的统治地位,最终政府方面被迫接受协商,并于 1989 年 6 月 4 日进行了半自由的选举。经过选举,团结工会获得了联合执政的权力。此后,社会主义性质的波兰人民共和国政权被废除,资本主义波兰共和国成立。由于其理论正统性,团结工会的成功引来了其他欧洲社会主义国家各种反对团体的效仿,最终促使东欧社会主义政府的崩溃和苏联的解体。

早在 1989 年,斯洛文尼亚社会民主联盟的成立就打破了南共联盟的一党制度。1990 年 7 月 25 日,南斯拉夫联邦会议通过了《政治结社法》,肯定了公民自由结社、建立政治组织和政党的权力。从此,在各共和国和自治省便出现了各种各样的政党和组织,包括拥有上百万成员的南斯拉夫改革力量联盟。[①]从 1990 年 4 月到 12 月,南斯拉夫联邦

① 赵乃斌、汪丽敏:《南斯拉夫的变迁》,广东人民出版社,2002 年,第 110 页。

六个共和国和两个自治省进行了多党制议会选举，之后在各共和国和自治省相继出现了民族主义的或反对南共联盟的政党和组织。由于南共联盟在各个地区并未取得绝对的优势，南斯拉夫联邦虽然名义上还存在，但在实际上已然分裂。各共和国的多党议会选举结果表明，斯洛文尼亚和克罗地亚两个共和国要求独立，反对邦联制；塞尔维亚和黑山两个共和国联合行动，力图维持联邦国家的统一；马其顿和波黑两个共和国则选择了折中的方案，希望保持边界不变，共和国政治权利扩大，而共同体共同掌管经济、国防和外交。[①]

苏联入侵捷克斯洛伐克(布拉格之春)

布拉格之春是社会主义阵营内部著名的政治民主化运动，发生于1968年的捷克斯洛伐克。当时，捷克斯洛伐克开展了一系列政策探索，以找寻符合该国国情的社会主义道路。这次运动改善了国内的政治经济环境，一定程度提升了该国实力。然而该运动受到了苏联方面的强烈反对。当年8月20日，苏联率华约国家将坦克开进了布拉格。这项军事行动直接导致形成了10万人的难民潮，里面还包括众多知识分子和精英。此次行动也影响了公众对于宣扬列宁主义的左翼人士的看法，并最终使得这些党派走向终结。

东欧剧变

1990年前后，中东欧社会主义国家的共产党纷纷丧失政权，这一急剧的政治变化，称为东欧剧变。冷战后期，东欧政治经济体制的弊端逐渐暴露，并激化了社会矛盾。戈尔巴乔夫成为苏联领导人之后，其推行的“民主社会主义”推动了东欧政党的改组，加之西方国家对东欧的长期和平演变，东欧国家内部逐渐爆发了民主化运动，导致共产党政权被颠覆。东欧剧变起始于波兰，在东德、捷克斯洛伐克、匈牙利、保加利亚等华约组织国家扩散，并最终以苏联的解体而告终。

---

① 赵乃斌、汪丽敏：《南斯拉夫的变迁》，广东人民出版社，2002年，第118页。

从1990年5月15日至1991年5月15日，按轮换原则由塞尔维亚共和国的鲍里斯拉夫·约维奇担任南斯拉夫联邦主席团主席职务。在这期间，约维奇总统强调，在制定一部全南斯拉夫联邦的新宪法之前，各共和国没有修改和通过自己宪法的权利。然而这一命令并未得到遵守，甚至塞尔维亚也在1990年9月通过了新的宪法，宪法核心与联邦制的主张背道而驰。

1990年7月19日，斯洛文尼亚共和国公开表示支持塞尔维亚共和国的科索沃自治省成为联邦的“第七共和国”，谴责塞尔维亚共和国在科索沃自治省实行的强制措施。与此同时，斯洛文尼亚和克罗地亚两个共和国宣布不派自己的士兵去科索沃自治省和其他共和国服役，并开始筹建本共和国的军队。同年10月4日，斯洛文尼亚和克罗地亚两个共和国总统会晤，抛出了南斯拉夫“联邦制方案”，强调各共和国应有自己的货币、外交使团与军队。同年12月，斯洛文尼亚进行了全民公决，大部分民众都支持独立。同时，克罗地亚也颁布了本共和国的新宪法，宣布克罗地亚为“主权国家”，并于次年进行了全民公决，国家独立高票通过。

克罗地亚和斯洛文尼亚的独立对其他共和国产生了很大的影响。1991年9月8日，马其顿共和国就独立问题进行全民公决，宣布马其顿独立。而波黑共和国因为内战，宣布独立日期较晚。

1991年10月3日至1992年1月15日是南斯拉夫联邦最后解体阶段。在斯洛文尼亚和克罗地亚宣布独立后，国际社会为了能和平解决南斯拉夫联邦的国家危机，给斯洛文尼亚和克罗地亚规定了三个月的“冻结期”。10月3日，斯洛文尼亚、克罗地亚、马其顿和波黑发表联合声明，指出南斯拉夫联邦的领导权已经完全被塞尔维亚共和国和南斯拉夫人民军掌握，他们绝不服从。冻结期于10月7日结束，次日，斯洛文尼亚和克罗地亚两个共和国的议会断绝了同其他共和国的一切法律联系，两个共和国已经成为被西方大国默认的具有完全主权的独立国家。至此，南斯拉夫社会主义联邦共和国不复存在。

3.事件影响

解体之后，塞尔维亚社会党和黑山社会主义民主党，于1992年4月27日建立了“南斯拉夫联盟共和国”，并宣布继承前南斯拉夫联邦在国际上的地位。这样一来，在前南斯拉夫联邦的领土上出现了五个新国家，即南斯拉夫联盟共和国（包括塞尔维亚和黑山共和国）、马其顿共和国、克罗地亚共和国、斯洛文尼亚共和国、波黑共和国。其中，由于西方社会的不承认和制裁，南斯拉夫联盟共和国没有坚持多久。2003年，南斯拉夫联盟共和国改名为“塞尔维亚和黑山国家联盟”，2006年，塞尔维亚和黑山相继独立。“南斯拉夫”一词正式走入历史。

南斯拉夫的解体是在冷战结束的特殊时代背景下由意识形态矛盾、社会经济问题、民族矛盾等多重因素导致的。南斯拉夫联邦解体后，意识形态对立的解除与经济困难的矛盾让各共和国也开始向西看，努力融入欧洲一体化，从而使该地区的历史翻开了新的一页。①

【南斯拉夫解体——事件评价】

1. 局内人

（1）拉伊夫·迪兹达雷维奇（Raif Dizdarević，1926—）——前南斯拉夫社会主义联邦共和国党和国家主要领导人之一

我们的父辈们为了南斯拉夫的建国而付出了生命。我们不能走上民族对立的道路。我们要坚持兄弟友爱和统一的道路。②

---

① [美]约翰·兰普：《南斯拉夫史》，刘大平译，中国出版集团，2013年，第422页。

② Death of Yugoslavia. British Broadcasting Corporation (BBC). 1995.

(2)斯洛博丹·米洛舍维奇(Slobodan Milošević,1941—2006)——时任塞尔维亚共和国总统

不论是在祖国还是异国，塞尔维亚的敌人正团结起来挑战我们。让我们告诉他们:我们并不恐惧、我们不惜一战！[①]

我们塞尔维亚人为了维护塞尔维亚的利益将采取所有形式的行动,不论合宪或违宪,不论合法或违法,不论遵从或不遵从。[②]

(3)弗拉尼奥·图季曼(Franio Tuđman,1922—1999)——克罗地亚共和国第一任总统

塞尔维亚企盼建立要么大塞尔维亚，要么中央集权的南斯拉夫。我们现在提出一个新的条件:要么联邦制南斯拉夫,要么分割联邦。克罗地亚和波黑是一个整体,不可分割。二战后不止一次提出过南斯拉夫一分为二的问题。那时候许多人都坚信,对克罗地亚来说,波黑如同是民主德国。[③]

2. 局外人

(1)马细谱——中国社会科学院世界历史研究所研究员

南斯拉夫联邦解体有其深刻的内部和外部原因。目前对东欧剧变和南斯拉夫联邦的解体,有两种基本的观点:一种说法是,东欧剧变与

---

① Death of Yugoslavia. British Broadcasting Corporation (BBC). 1995.

② Ramet, Sabrina P. ,*The Three Yugoslavias*: *State-Building and Legitimation*,Bloomington :Indiana University Press,2006,p.598.

③ 信使报,南斯拉夫,1990 年 5 月 15 日。

南斯拉夫联邦的解体是由于内部出卖叛变的结果；还有一种说法，认为东欧剧变与南斯拉夫联邦的解体的主要原因在于外部，是以美国为首的西方资本主义国家推行“和平演变”的结果。现在，越来越多负责任的学者在寻找东欧剧变和南斯拉夫联邦解体的原因时，都从这些国家的内部来找，因为这是主要的。具体到南斯拉夫联邦，学者们普遍认为，它解体的主要原因是：联邦制的缺陷、严重的经济危机、尖锐的民族矛盾，以及南共联盟工作的失误等。但在一定条件下，外部因素也非常重要，甚至起着决定性作用。①

（2）胡鞍钢——清华大学公共管理学院教授、清华大学国情研究院院长

前南斯拉夫解体分裂是各种错综复杂矛盾不断积累激化的结果，是经历了从量变到质变的过程。除了民族矛盾和民族冲突之外，有两个致命性的因素为前南斯拉夫联邦国家解体埋下了祸根：一是中央汲取财政能力不断下降，中央财力过小，地方财力过大；二是地区经济相对差距不断扩大，地区矛盾和民族矛盾不断激化。②

（3）约翰·兰普——《南斯拉夫史》作者

1992 年，在波斯尼亚-黑塞哥维那结束的是在这个特殊共和国中对南斯拉夫人身份的长期探求。该共和国的种族多样性使这种探求成为任何南斯拉夫的后继共和国不得不面对的一个现实，然而在这种探求背后的主张被滥用。现在，在两次世界大战及其幸存者创建的两个南斯拉夫存在 70 年之后，这种探求将导致焚毁这种身份的波斯尼亚战争。也许最悲哀的是那些骨灰仍闪耀着的人，因为他们是南斯拉夫人，并且他们曾一次或两次拥有一个国家。③

---

① 马细谱：《南斯拉夫兴亡》，社会科学文献出版社，2010 年，第 402 页。

② 胡鞍钢：《前南斯拉夫分裂的教训与启示》，《国际经济评论》1996 年第 21 期。

③ [美]约翰·兰普：《南斯拉夫史》，刘大平译，中国出版集团，2013 年，第 422 页。

思考题

1.南斯拉夫在社会主义阵营中具有怎样的地位?

2.南斯拉夫的解体是哪些原因造成的?

3.南斯拉夫的解体对于联邦内六个共和国各自的发展产生了怎样的影响?

延伸影片

1.《南斯拉夫的死亡》(英国/1995 年)

2.《南斯拉夫:可以避免的战争》(美国/1999 年)

延伸阅读

1.马细谱:《南斯拉夫兴亡》,社会科学文献出版社,2010 年。

2.韩显阳:《阴影里的逐杀:美英情报机构是如何颠覆南斯拉夫的》,当代世界出版社,2003 年。

》| 锅盖头

时代背景 1991 年

地域背景 美国

电影制作 美国 / 2001 年 / 183 分钟

电影导演 迈克尔 · 贝

电影编剧 兰道尔 · 华莱士

电影主演 本 · 阿弗莱克 / 乔什 · 哈奈特 / 凯特 · 贝金赛尔 / 小库珀 · 古丁 / 强 · 沃特

017《锅盖头》——海湾战争

【《锅盖头》——影片简介】

“锅盖头”是美国海军陆战队士兵的标准发型，看起来清爽利落，但盖不住战士们在战争里逐渐压抑、纠缠的思绪。《锅盖头》改编自前美国海军陆战队队员安东尼·斯沃福德（Anthony Swofford）2003年出版的同名畅销书，书中以第一人称的视角回顾了海湾战争的那段历史，更多的还有对战争的反思。

主人公满怀报国热情地入伍，并经过无数残酷训练，正式投身中东战场。然而真正踏上那片土地之后，战场的残酷与军营的压抑开始令他重新思考战争的意义。在这样的迷惘里，他和他的战友们在沙漠中煎熬着。一直到战争结束，他仍一枪未开，只好用朝天鸣枪来宣泄心中的苦闷。

一部战争片，却几乎没有开枪镜头。这样的处理方式不仅反映出现代战争中武器的“高科技化”，还把更多的空间留给了那些扣人心灵的内心独白。在影片开头，《Don't worry, be happy》一曲的响起仿佛就告诉了我们主人公将面对多少的忧虑。及至踏上压抑的战场，在严酷的沙漠里挣扎，士兵们的笑容就越发僵硬。在石油燃烧的火焰冲上天空之时，这种忧虑也从主人公心中蔓延到了每一个观众的心里——战争到底是为了什么？是为了石油吗？

这些在战场上逐渐迷失的“锅盖头”们尽管最终回到了家乡，但是“海湾战争综合征”却使得他们再也无法回归正常的生活。这种对战争的反思贯穿全片，正如影片中的那句台词：如果你病了，去医疗室;如果你死了,去死亡登记处报道;如果你疯了,没有解决的方法存在。

海湾战争中美国可能是最大的受益者,但亦是受害者。虽然这些伤害并不直接关系到国家的利益,却深深地扎在美国人的心中。

【海湾战争——事件概览】

海湾战争是指自 1990 年 8 月起,由于伊拉克入侵科威特而引发的美国等多国部队对海湾地区事务的武装干涉。这一事件对于中东乃至世界的影响持续至今。

1.事件背景

20 世纪 80 年代末 90 年代初,苏联在国际上的影响力急剧下降,欧洲格局发生变化。这使得两极体系更为脆弱,美苏两国对于地区矛盾和冲突的控制能力有所下降,因此地区力量间的矛盾开始突出。

而在中东地区,阿以问题、贫富差距问题及长久的阿拉伯民族主义的长久盛行使得矛盾空前尖锐。伊拉克经过 8 年的两伊战争,成为中东第一军事大国。当时的伊拉克正规军达 95 万人之多,装备有 5600 辆坦克、7500 辆装甲车及 770 架作战飞机,同时伊拉克还拥有中东地区最为庞大、完整和现代化的综合防

两伊战争

两伊战争,又称“第一次波斯湾战争”,是伊朗和伊拉克从 1980 年 9 月至 1988 年 8 月进行的战争。两国长期以来一直存在边界争端,武装冲突不断。除领土之外,宗教因素也是两国爆发冲突的深层次原因,两国虽都信奉伊斯兰教,但伊朗 90%民众属于什叶派,伊拉克则在以萨达姆为首的逊尼派(信奉人数占 45%)统治之下。1979 年,伊朗爆发伊斯兰革命,霍梅尼公开号召伊拉克的什叶派“进行伊斯兰革命”,推翻伊拉克

空体系。尽管如此，伊拉克的经济也因为长期的军事负担而面临崩溃，战前有300亿美元外汇储备的伊拉克在两伊战争后只剩下了800亿美元的外债。因此，伊拉克希望通过侵吞科威特实现在海湾石油的存储和输出占有决定性的份额，进而增强伊拉克在地区事务中的影响力，在海湾地区以至整个阿拉伯世界和中东地区称雄。

> 现政权建立"伊斯兰共和国"。而伊拉克则支持伊朗境内少数民族的民族自决要求。随着两国领土及宗教矛盾的激化，1980年9月22日，两伊战争爆发，引起阿拉伯世界的关注。联合国安理会在1987年一致通过了598号决议，要求双方立即无条件停战。同年，伊拉克与伊朗相继接受该决议，两伊战争结束。
>
> （参考黄日涵、姚玉斐：《国际关系实用手册》，天津人民出版社，2013年，第121页。）

就美国而言，伊拉克一度被视为美国遏制伊朗的帮手，甚至在侯赛因·萨达姆上台之初，美国政府对其采取积极的态度。但是当伊拉克的野心逐渐暴露，当中东将近一半的石油将面临被伊拉克控制的危险，以美国为首的西方工业国家被迫介入该地区。①当然，同时美国也希望可以借此机会削弱阿拉伯力量，控制盛产石油的海湾和中东战略要地，进而制约严重依赖海湾石油的西欧和日本，建立起美国领导下的"世界新秩序"。为此，美国从欧洲抽调来大量原本用于对付苏联的军队，对伊拉克的行径进行了武力干涉。

2.事件经过

1990年8月1日，伊拉克与科威特围绕石油问题宣告关系破裂。8月2日凌晨，伊拉克共和国卫队的三个师越过边境向科威特发起了突然进攻。5时30分，主攻部队与特种作战部队在科威特市会合。19

① Philip Smith, *Why War? The Cultural Logic of Iraq, the Gulf, and Suez*, University of Chicago Press, 2010, p.101.

时,伊军完全占领了科威特首都,并很快控制科威特全境。伊拉克随后扶植建立了“自由科威特临时政府”,实际上是听命于伊拉克的傀儡政府。8月8日,伊拉克正式吞并科威特,将其划为伊拉克的“第19个省”。

伊拉克的行动很快引起了世界的震动。联合国安理会于8月2日通过了660号决议,决议认为伊拉克吞并科威特事件是对国际和平与安全的挑战,要求伊拉克立即无条件撤出入侵科威特的军队,回到入侵前的位置,安理会同时呼吁两国通过谈判解决争端。①

660号决议

“联合国660号决议”是1990年8月2日联合国安理会通过关于谴责伊拉克入侵科威特的决议。决议表示:

①谴责伊拉克入侵科威特;②要求伊拉克立即无条件地将其所有部队撤至其于1990年8月1日所在的据点;③要求伊拉克和科威特立即进行密集谈判以解决它们的争执,并支持这方面的一切努力,特别是阿拉伯联盟的努力;④决定必要时再次开会以审议进一步的步骤,以保证本决议获得遵守。

在西方国家重创伊拉克之后,伊拉克最终接受了这一决议,从科威特撤出了军队。

美苏也在次日发表联合声明,要求伊拉克“无条件地从科威特撤军”“充分恢复科威特的主权、合法政权和领土完整”。阿拉伯联盟也发表决议谴责伊拉克的侵略行为并要求伊拉克撤兵。

然而伊拉克并不为所动。为此,美国总统布什于8月7日正式签署了“沙漠盾牌”行动计划,派出了“艾森豪威尔号”航空母舰舰队和“独立号”航空母舰舰队进入海湾地区,并通过海运与空运将数百万吨的装备和40万名军人送往海湾战场。其后,多国部队进入战区,接受

① 联合国:《联合国安理会第660号决议》,1990年8月2日,网址:http://www.un.org/zh/documents/view_doc.asp?symbol=S/RES/660(1990),最后访问:2016年12月23日。

沙特阿拉伯武装部队司令哈立德中将和美军中央总部司令施瓦茨科普夫上将的统一指挥。

11 月,联合国安理会通过第 678 号决议,要求伊拉克在 1991 年 1 月 15 日之前撤出科威特,并授权“以一切必要手段执行第 660 号决议”。[1]在高压之下,伊拉克对科威特的占领并未松动,美国国务卿贝克和伊拉克外长阿齐兹的会晤也没有取得成果。1991 年 1 月 16 日,美国总统布什授权向伊拉克正式开战。次日,多国部队发起“沙漠风暴行动”,大举空袭伊拉克,先后摧毁了伊拉克的空军和防空设施,以及指挥和通信设施。伊军前沿部队损失近 50%,后方部队损失约25%。其中,美国的 F117 战机与巡航导弹执行了“斩首”任务,连续轰炸了伊拉克的空军司令部、空防行动中心、总统官邸、AT&T 大楼等重要建筑,使伊拉克的防空体系遭受到毁灭性的打击。

“新泽西号”战列舰上正在发射的“战斧”导弹

图片来源:http://www.bb62museum.org/images/BBNJ13

陆军方面,伊军同样损失惨重。更为重要的是,伊军似乎丧失了对抗美国的意志。在麦地那战役中,三百辆伊拉克坦克仅仅坚持了四十

---

① 联合国:《联合国安理会第 678 号决议》,1990 年 11 月 29 日,网址:http://www.un.org/zh/documents/view_doc.asp?symbol=S/RES/678(1990),最后访问:2016 年 12 月 23 日。

分钟就溃不成军，而美军只付出了一名士兵的伤亡代价。[①]仅仅十一天后，双方就达成了停战协定。2 月 15 日，伊拉克宣布愿意接受安理会“第 660 号决议”，有条件地从科威特撤军。此后，苏联提出了限伊拉克三周内退回到战前的位置和完全停火的建议，伊拉克对此表示同意，却遭到了美国的拒绝。美国坚决限令伊拉克于二十四小时内撤兵。

在伊拉克没有完成美国的撤军限令之后，2 月 24 日多国部队开始了地面进攻。阿拉伯国家东线联合部队、美第 1 陆战远征部队、阿拉伯国家北线联合部队、美第 7 军、美第 18 空降军等主要部队从多个方向对伊拉克进行了打击。伊军只经过轻微的抵抗便开始溃退，多国部队很快便占领了伊拉克南部，并解放了科威特。

1991 年 2 月 26 日，萨达姆宣布接受停火，伊拉克军队随即开始退出科威特，他们撤出时将科威特油田点燃。次日，伊拉克致信联合国安理会，表示无条件接受此前各项决议。在伊拉克军队的撤退过程中，多国部队并未停止对撤退队伍的轰炸，从而形成了一条“死亡公路”。28 日，多国部队终于宣布停止进攻，历时一百个小时的地面战役至此结束。

3 月，各国部队开始撤军。

1991 年 4 月 3 日和 5 月 20 日，联合国安理会先后通过了第 686、687 号决议，对海湾战争永久停火及伊拉克支付战争赔偿金等问题进行了规定。[②]

3.事件影响

海湾战争之后，伊拉克实力大减，陷于十分孤立的地位。而在科威特，埃米尔的独裁政府被恢复，四十多万人被驱逐出境。然而值得一提的是，伊拉克尽管在海湾战争后经历了漫长的内战，萨达姆政权并未

---

① Philip Smith, *Why War? The Cultural Logic of Iraq, the Gulf, and Suez*, Chicago: University of Chicago Press, 2010, p.100.

② 方连庆等:《战后国际关系史(1945—1995)》，北京大学出版社，1999 年，第 893 页。

因此而被推翻,反而继续在伊拉克存在了十余年。

对于阿拉伯国家而言,海湾战争的直接影响就是经济上的损失。除了投入战争的花费,石油生产所受到的打击也使得海湾国家面临一定程度的经济危机。同时,海湾战争的爆发使多数中东区域性组织面临解体,也导致了阿拉伯国家之间的关系走向彻底分裂。围绕着如何对待这场战争和美国等西方国家的军事卷入等问题,阿拉伯国家分裂成三个阵营,即伊拉克及其支持国阵营,科威特和沙特等海湾国家,以及以埃及和叙利亚为首的阿拉伯国家主流派。[①]在这种局面下,中东地区的军备竞赛愈演愈烈。

对于巴勒斯坦和以色列而言,阿拉伯国家的分裂使巴勒斯坦失去了主要的支持,而以色列方面则获得了西方的支持,并流入大量犹太人口,[②]这些因素使得中东和平进程一下子放缓了脚步。

对于西方国家而言,美国是最大的受益者,不仅得以继续保持以色列这个重要堡垒,而且又拥有了更多阿拉伯国家的新盟友。美国在中东地区既获得了政治主导权,又在石油资源、军火销售和经济贸易等方面捞到最大份额。[③]然而战争也使美国遭受了巨大的损失,美军伤亡惨重。更为严重的是,众多参加战争的美国老兵在回国后患上了"海湾战争综合征",饱受生理和心理创伤的折磨。

对于美苏关系而言,海湾战争把美苏过去在地区争夺中互为对手的关系推向了既合作又竞争的新时期。而对于发展中国家而言,危机与战争造成的油价波动,对大多数发展中国家经济造成了巨大的冲击,大多数发展中国家通货膨胀恶化。

总而言之,海湾战争是以美国为首的西方国家为维护自己的石油、战略利益而进行的一场地区性局部战争。海湾危机与战争是南北矛盾、南南矛盾尖锐激化的结果,而又反过来造成了这一地区的局势

---

①③ 宋庆才:《回顾与启迪——写在海湾战争10周年之际》,《当代世界》2000年第8期。
② 万光:《海湾战争对中东和世界局势的影响》,《西亚非洲》1993年第3期。

更为错综复杂。[①]

【海湾战争——事件评价】

1. 局内人

(1)乔治·H.W.布什

(海湾)战争对国际关系的影响,使得联合国走出了外交困局。在处理国际挑战方面,美国认识到并且肩负着特殊的领导责任,这种作用在全世界获得了广泛的接受。美国的政治信誉和影响力得到了极大的提高。借着苏联的至多可以说是勉强的支持,在海湾危机中我们几乎独自站在世界舞台。我们的军事名声同样增长。美国的军事力量和装备表现极佳,而伊拉克主要装备苏联的武器,没有很好地反映它们的制造者的水平。结果,从海湾冲突中,我们所在的世界由科威特受攻击以前的世界变为另一个世界。[②]

(2)安东尼·斯沃福德(Anthony Swofford,1970—)——《锅盖头》作者,参与海湾战争的美军士兵

在任何一场战争中都有很多误传的信息,当布什谈论到有关人权的问题时,我知道这些都是烟雾弹。起初,我们被告知是去保护沙特阿拉伯。当时,也就是1990年8月2日到8月5日,五角

---

① 李忠:《海湾战争与当前的国际格局》,《国际政治研究》1991年第3期。

② [美]乔治·布什、布伦特·斯考克罗夫特:《重组的世界》,胡发贵等译,江苏人民出版社,2000年,第520页。

大楼认为伊拉克打算入侵沙特。一直到战争行将结束时，我才意识到自己是在为石油而战，我的同伴们也没有意识到，尽管我们总拿这个开些玩笑，但我们从来没想过这就是事实。[①]

2. 局外人

（1）郭继卫——第三军医大学教授、博士研究生导师、陆军大校

毫无疑问，海湾战争在军事历史上具有它的地位和贡献，譬如掀起了信息化建军的世界浪潮，提供了一系列当代战争的重要视角。但同时，它也一度以高传奇的夸张性和高分贝的显示度，诱导出一连串的误读误解。对世界如此，对美国更是如此。它构筑了通往困住美国的伊拉克陷阱之路——这个陷阱本已被老布什总统避开，小布什总统却坚决而义无反顾地跳了进去。它带来了高消耗战争和高投入军备的时代——全球所有的国家都有充足的理由，在一场精彩的竞赛中，将自己类比为其中的某一特定角色，从而放松了对经济安全不稳定性的关注。从这一角度看，海湾战争和全球性金融海啸同样有着千丝万缕的联系。[②]

（2）梁云祥——北京大学国际关系学院国际政治系教授、博士生导师

海湾战争具有双重性质，即既是以美国为首的多国部队代表国际社会共同意志对伊拉克赤裸裸侵略行为进行反击的反侵略正义之举，同时又是美国谋求本国利益、实现自己战略构想的集中反映。也就是

---

① 青年时讯：《海湾战争老兵真实回忆：我去打仗是为了石油》，网址：http://mil.news.sina.com.cn/2003-03-12/111513.html，最后访问：2017 年 3 月 12 日。

② 郭继卫：《海湾战争十八年祭》，《中国人才》2009 年第 2 期。

说，这场战争是国际道义与美国利益相结合的产物。

它对未来世界的影响也将是双重的。一方面，尽管完全按照美国意愿建立的世界新秩序不可能实现，这一点通过海湾战争就可以看出来——美国虽取得对伊拉克作战的胜利，但也反映出美国的实力相对下降，已不可能随心所欲地单独左右国际事务，而必须注重国际道义和利用联合国的合法形式，并需要盟国的大量经济援助，以及苏联、中国等一些大国对其行为的支持或默认。但同时不能否认，在现有秩序下，以美国为主导地位的状况还将维持相当长一段时期，而且这种状况由于海湾战争而更趋明显了。这种状况对稳定世界局势、遏制地区侵略扩张将发挥一定的积极作用。另一方面，现有的世界秩序并不十分合理，新的世界秩序应该建立在各主权国家政治上完全平等、经济上互通有无、共同发展的基础之上，而不应该建立在大国强权政治对弱小国家的统治之上，因为强权统治下的秩序不是持久和平的秩序。由于海湾战争而更加明显的以美国占主导地位的现有秩序，无疑对社会主义国家和新兴第三世界国家的发展将产生不利影响，在意识形态上或经济上，这些国家的国家利益将与美国的强权利益发生矛盾，因此美国占据主导地位的现有秩序不但不合理，而且长时期来看也不稳定。①

(3)埃弗拉伊姆·卡什(Efraim Karsh,1953—)——伦敦大学国王学院中东及地中海研究教授

在1991年的海湾战争发生前，大部分人都认为新的世界秩序即将来临，复兴的团结精神将成为这一秩序的基础。彼时柏林墙的倒塌和东欧社会主义阵营的崩溃都使得人们欢快地讨论起西方的胜利，讨论起新的世界秩序以及"历史的终结"。人们认为，在美国这一"唯

① 梁云祥：《海湾战争的性质和美国的世界新秩序构想》，《国际政治研究》1991年第3期。

一超级霸权”的领导下，地区冲突将迟早被消灭干净。然而事态的发展并不如人意，海湾战争的打响意味着，苏联阵营的消失虽然解除了西方半个世纪以来的安全忧虑，但是随之出现的新的国际挑战并不容易对付。

对于中东国家而言，海湾战争带来了三个方面的影响：首先，人们对于“文明的冲突”产生了怀疑。中东世界在战争中显示出的实用主义精神已经超越了宗教之间的对立。其次，海湾战争令人们认识到，地区发展的动力源于本土，大国的影响至多只能排到第二位。美国无力说服萨达姆撤出科威特，只得动用战争。最后，海湾战争的爆发表现出了“泛阿拉伯主义”的空洞本质。西方帝国主义的影响事实上引发了阿拉伯国家的反感。①

思考题

1.两伊战争是在怎样的国际背景下爆发的？

2.美国在海湾战争中的挫折对于世界秩序的构建产生了怎样的影响？

3.联合国在海湾危局中扮演了怎样的角色？

延伸影片

1.《黑暗之课》(英国/德国/1992 年)

2.《烽火传真》(美国/2002 年)

3.《生死豪情》(美国/1996 年)

延伸阅读

1. Freedman, Lawrence, *The Gulf Conflict, 1990–1991: Diplomacy*

---

① Bacevich, A. J., & Inbar, E., *The gulf War of 1991 Reconsidered*, Psychology Press, 2003, pp.255~269.

and War in the New World Order. Princeton University Press, 1993.

2. Mueller, John E., *Policy and Opinion in the Gulf War*. University of Chicago Press, 1994.

黑鹰坠落

时代背景 1992 年

地域背景 索马里

电影制作 美国 / 2002 年 / 144 分钟

电影导演 雷德利 · 斯科特

电影编剧 肯 · 诺兰 / 马克 · 鲍登

电影主演 乔什 · 哈奈特 / 汤姆 · 赛斯摩 / 伊万 · 麦克格雷格 / 詹森 · 艾萨克

018《黑鹰坠落》——索马里战争

【《黑鹰坠落》——影片简介】

黑鹰直升机

黑鹰直升机(Black Hawk),即西科斯基UH-60中型通用直升机(Sikorsky UH-60 Medium Utility Helicopter),是由美国西科斯基飞行器公司在20世纪70年代为美国陆军设计生产的四旋翼、双发动机、中型通用直升机,因其性能优越、战场生存能力强而被广泛装备到美军各兵种部队。1991年海湾战争中,黑鹰直升机作为陆军的主力直升机,在战场上大显身手,一举成名。此后,“黑鹰”发展衍生了许多改进机型,一直在美军的行动中发挥着重要作用。

《黑鹰坠落》以盖瑞森少将、麦克奈特中校、黑鹰驾驶员杜伦、三角洲军士兰迪等美军士兵为主要切入点,描述了1993年发生在联合国索马里行动期间的摩加迪沙之战。为了捉拿索马里军阀艾迪德两位重要手下,美军出动黑鹰直升机进入摩加迪沙。然而“超级61”黑鹰直升机遭遇索马里民兵的火箭筒攻击而坠落,在营救过程中,美军陷入了与索马里摩加迪沙数以千计的武装民兵的缠斗中。“黑鹰”的坠落标志着美国自越战后最惨重的军事失败,19名美军士兵的血洒疆场却仍然没有换来行动的胜利。

在索马里困局面前,无论是最先的人道主义援助,还是逐步升级的维和任务,再到最后的战争行为,各方的努力都没有换来预想的结果。摩加迪沙之战只是让任务主要参与者美国吃了一记重拳,但是要知道在整个联合国针对索马里的维和行动中,各国维和部队已有超过一百名士兵阵亡。

电影很直接地为我们展示了战争的残酷与长期动乱给索马里带来的破败、混乱、无序与狂热。残破坍圮的建筑、情绪激愤的人群、司空见惯的枪声,一切环境的渲染都向我们展示了这个国家的落后与贫穷。在长达15个小时的战斗中,虽然美军阵亡了19人,但却造成了索马里民兵几十倍不止的伤亡,据统计,索马里方面共有1000名以上的民兵和平民伤亡。第二架黑鹰坠落后,兰迪、盖瑞森和杜伦三个人凭借着身边的掩体,给盲目冲锋的索马里民兵带来了巨大的伤亡。虽然双方都是使用的现代热武器,但是从作战方式、士兵的协调意识、战斗意识和精神上来看,索马里的民兵显然是一群乌合之众。物质上、观念上都落后于人,又怎能不交昂贵的学费呢!时至今日,索马里仍然是军阀混战、民生凋敝、海盗盛行,国家的发展举步不前。

作为一部获得了第74届奥斯卡金像奖最佳导演奖的作品,《黑鹰坠落》除了奉献出了真实而残酷的战场,更表现了对于人性的宣扬。三角洲部队那种久经沙场的镇定、战友之间的相互保护和为了对方宁愿牺牲的品质,作为一种美国精神,在影片中得到了宣扬。兰迪和盖瑞森为了保护身陷索马里民兵攻击中的杜伦最终牺牲了自我;而面对重伤不治的队友,那些无畏枪林弹雨的硬汉也流下了眼泪。一刚一柔的对比,淋漓尽致地向我们展现了一群有血有肉、重情重义的男人。虽然整个摩加迪沙行动受到了很大的非议,其正确与否难以定夺,但是在行动中所表现出的为他人而勇于牺牲自我、不抛下任何一个人的信念完美地阐述了美国价值观,这些坚持、团结、忠诚于国家,不畏艰险的信条也是西方主流价值观所宣扬的。就像电影中说的那样:Leave no men behind。这种坚定的信念让人在绝望中充满希望,在挣扎中充满力量。没有人有理由抛下别人,自然也就没有理由抛下自己。

【索马里战争——事件概览】

1.事件背景

> **穆罕默德·西亚德·巴雷**
>
> 穆罕默德·西亚德·巴雷,索马里前总统。1919年,巴雷生于朱巴州(今盖多州)达鲁德的部族。他先前在索马里警察部队任职,后于1960年升任索马里国民军上校副司令,少将军衔。1969年10月21日,趁舍马克总统遇刺身亡之机发动军事政变,任索马里民主共和国最高革命委员会主席,改国名为“索马里民主共和国”。从1976年7月撤销最高革命委员会、成立索马里革命社会主义党起,穆罕默德·西亚德·巴雷把索马里的政体按照自己的设想一步步予以改造,连选连任革命社会主义党总书记、总统等职务。1991年1月,巴雷政权被反政府组织推翻,被迫流亡国外。1994年1月,巴雷逝世于尼日利亚拉各斯。生前著有《索马里革命哲学》一书。

1991年,索马里军阀穆罕默德·西亚德·巴雷的独裁统治被推翻后,该国爆发了内战,造成逾25万人丧生。面对严重的人道主义危机,联合国有针对性地开展了联合国索马里行动(简称联索行动)。联合国介入索马里事务的初衷,是为了实施人道主义救援,解决其饥荒问题。但救援物资由于被军阀截留,难民依然无以为继。同时,美国之所以介入索马里,一方面是针对苏联趁机加强其在非洲之角的军事存在,另一方面则担心宗教激进主义分子会趁机扩大自身在非洲的影响力,加剧紧张关系。1992年12月3日,联合国通过第794号决议,授权以美国为首的联合国特遣队进驻索马里,以确保救灾物资能到难民手中。[1]1992 年 12 月 9 日，维和部队进驻索马里，这支维和部队由二十几个国家组成，大多数为美军，约二万八千余人，其他国家约一万人。随后维和部队在索马里开始了武装军事救援行动，代号为“希望”。

对此，索马里各派军阀十分不满。“索马里联合大会”的领导人法拉赫·艾迪德就对联合国的军事救援行动极为敌视，认为维和部队是他夺取全国政权的绊脚石，于是对其实施了袭击，造成数十名维和队员伤亡。1993 年 8 月，安理会授权维和部队采取一切必要行动，搜捕策划这次暴力事件的头目艾迪德。当时负责此次行动的联合国特使、美国退役海军上将乔纳森·豪请求美国增派特种部队帮助抓捕艾迪德。[2]10 月 3 日，美军开始抓捕行动，行动中与索马里当地军队发生严重冲突，又称“摩加迪沙之战”。

穆罕默德·法拉赫·艾迪德

穆罕默德·法拉赫·艾迪德，索马里著名军阀，1934 年 12 月 15 日生于索马里最大部族萨马勒族的分支希哈维耶族一个以游牧为业的家庭，在家中 13 个孩子中排行第五。艾迪德早年在罗马和莫斯科接受了军事和外语教育，20 世纪 50 年代参加意大利在索马里招募的殖民地部队。索马里独立后，艾迪德得到时任总统穆罕默德·西亚德·巴雷的重用，逐渐晋升为情报机关的负责人。但由于向当时的政府透露巴雷即将发动政变的消息，艾迪德受到冷落并在巴雷政变成功后遭到逮捕。但在哈威伊人的支持下，艾迪德担任了索马里联合大会党的军事首领，推翻了西亚德·巴雷的统治，并控制了首都摩加迪沙和大部分索马里南部国土。

---

① 联合国：《联合国安理会第 794 号决议：索马里局势》，1992 年 12 月 3 日，网址：http://www.un.org/zh/documents/view_doc.asp?symbol=S/RES/794(1992)。

② 赵晓明：《摩加迪沙之战及其对美国对外干预政策的影响》，硕士学位论文，渤海大学，2013 年，第 34~35 页。

为了应对索马里乱局，联合国派驻了维和部队，试图解除索马里各军阀部队包括艾迪德的武装。这引起了艾迪德的强烈不满，他开始对以美军为主力的维和部队开展了城市游击战争，杀害了二十多名维和士兵。艾迪德因此被联合国秘书长加利指责为战犯，但他被索马里人奉为心目中的英雄。1995 年 6 月，艾迪德自任为索马里总统，但是并未得到广泛的国内尤其是国际承认。1996 年 8 月 2 日，艾迪德遇刺身亡。

2.战斗经过

参与“摩加迪沙战斗”的部队是由步兵“游骑兵”、海军的“海豹”部队第六队，以及“三角洲”部队组成的。部队最高指挥盖瑞森将军曾是“三角洲”部队的负责人。1993 年 10 月 2 日，情报显示，艾迪德的左膀右臂出现在摩加迪沙奥林匹克饭店，他们分别是财务总管欧马·沙朗和对外发言人蒙哈米·哈山·艾瓦。经反复核实确认后，美军决定于次日下午行动，除掉二人。

“黑鹰式”直升机飞越摩加迪沙上空

图片来源：Black Hawk Down: A Soldier’s View

15 时 32 分，进攻打响。“三角洲”进攻部队从陆空两路同时向目标建筑进发。抓捕行动十分成功,24 名人员被捕,行动的目标达成。

然而就在美军部队开始准备撤退之时,受艾迪德部队煽动的索马里人从四面八方拥来,与美军展开纠缠。这时,负责护送的美军车队终于赶到目标大楼,其中 3 辆“悍马”车负责先将伤员送回,剩余的车辆则负责运送包括俘虏在内的其他人员。

尽管前三辆车虽然成功回到营地, 但机枪手在途中不幸中弹身亡。后续输送车队装载俘虏准备撤回时,又遭到了聚集而来的索马里人的攻击,除了步枪和火箭弹,索马里人还利用燃烧的轮胎等工具试图拦截美国车队。激战中,“超级 61”黑鹰直升机遭到 RPG–7 火箭筒的攻击而坠落。指挥官命令离事发地点最近的“游骑兵”和一架 AH–6 攻击直升机和唯一的搜救直升机“超级 68”前往驰援。但在密集的火力下,“超级 68”也很快中弹,搜救人员冒着危险成功实施了滑降,随后直升机迫降到摩加迪沙机场。等待装载部队的卡车被接二连三的火箭弹打成了碎片。一连串意外的发生,使美军措手不及,原有的作战计划也无法正常实施。在索马里武装分子的围困下,美军的救援行动举步维艰。

在此情况下,“超级 64”直升机受命代替“超级 61”在车队上空进行火力掩护,以对抗索马里民兵,却遭受了与“超级 61”同样的命运。直升机尾翼被火箭弹击中,飞机随即坠落。尽管“超级 62”前来援助,但是一名机长最终还是被俘。

与此同时,第一梯队大约一百六十名“三角洲”队员和“游骑兵”,一部分在车上遭到了四面围攻,有的被围困在各个阻击地点。

为援救身处危险中的特种队员,美军先是派出了“超级 66”直升机为城中受困部队送去弹药、饮水、血浆等必需品,其后派出第十山地师 150 名士兵乘坐 9 辆卡车和 12 辆“悍马”车,从城外绕道赶到特种部队的基地。深夜 11 时 30 分,在 AH–6 直升机的掩护下,救援车队向城里进发,并成功与城中集结的剩余部队会合。在炸毁两架已经损毁的直升机后,残存的“三角洲”部队和“游骑兵”随着车队冲出重围,最终回到了基地。

经此一役，19名美军死亡，七十余人受伤，2架直升机彻底损毁，3架被击伤，数辆卡车和“悍马”车被击毁。[①]10月4日下午，美国的电视屏幕反复出现了索马里人用绳子在地上拖着一具美国特种作战队员的尸体游街示众的画面。摩加迪沙之战的失败成为美国人的耻辱。

3.后续与影响

上述的摩加迪沙之战只是整个索马里维和行动的一个缩影。1993年10月上旬，美国宣布将在1994年3月前撤军。之后，其他国家也纷纷宣布撤军。美国的做法引起联合国的强烈不满。联合国安理会通过第878(1993)号决议，将第二期联索行动的任务期延长到11月18日止。[②]然而鉴于期间联合国行动遭遇的重大挫折，11月16日，联合国安理会先后通过第885和886号决议，决定停止缉拿艾迪德。[③]1994年1月16日，艾迪德和马赫迪签署了一项和平协议。2月4日，安理会在基本审核了索马里的政治、人道主义和安全形势之后，一致通过了第897(1994)号决议，决定修订联索二期行动的任务和目标，维和部队遭到了一定程度的裁减，其任务重心为保护重要港口、机场及保障人道主义援助，协助索马里政治进程等。1994年2月24日，艾迪德和马赫迪在经过多次谈判后签署了《内罗毕宣言》，但索马里国内的危情并未得到明显缓和，反而出现了数起针对联合国维和士兵的暴力事件和攻击。1994年11月4日，安理会一致通过第954(1994)号决议，

---

① Mark Bowden：Blackhawk Down，*Philadelphia Inquirer*，1997.11.16.网址：http://inquirer.philly.com/packages/somalia/nov16/rang16.asp，最后访问：2016年9月12日。

② 联合国：《联合国安理会第878号决议，索马里局势》，1993年10月29日，网址：http://www.un.org/zh/sc/documents/resolutions/93/s878.htm，最后访问：2016年9月12日。

③ 联合国：《联合国安理会第885号决议，索马里局势》，1993年11月16日，网址：http://www.un.org/zh/sc/documents/resolutions/93/s885.htm，最后访问：2016年9月12日。联合国：《联合国安理会第886号决议，索马里局势》，1993年11月18日，网址：http://www.un.org/zh/sc/documents/resolutions/93/s886.htm，最后访问：2016年9月12日。

决定在 1995 年 3 月 31 日终止联合国索马里维和行动。[①]1995 年 3 月 2 日,最后一批联合国军撤出了摩加迪沙,标志着历时 27 个月、耗资 20 多亿美元的维和行动以失败告终。

对于美国而言,美国在索马里的国家重建行动是冷战以后美国在联合国授权下领导的第一次多边的国家重建行动。尽管付出了 19 名美军士兵阵亡的代价,美国并没有实现预期的目标。索马里的形势更为恶化。索马里战争成为越战以来美军所遭受的最为惨重的军事失败,也是克林顿政府外交上的一个分水岭。美军撤出索马里之后,美国的对外政策转向保守,在几个月后发生的卢旺达种族大屠杀中,美国政府采取了漠然旁观的态度。而在面对波斯尼亚危机和科索沃危机时,美国的干预也大大减少,并且在军事上采取了更为谨慎的态度。[②]

【索马里战争——事件评价】

1.局内人

(1)比尔·J.克林顿(Willian Jefferson Clinton,1946—)——第 42 任美国总统

摩加迪沙战役遗址萦绕在我的心头。我想我知道肯尼迪总统在"猪湾事件"后的感受了。我得为一次我在总体上而非在细节上批准的行动负责。与"猪湾事件"不同,在严格的军事意义上,这不是失败——山地师部队大白天降落在摩加迪沙的市中心,逮捕了艾迪德的助手,勇敢而娴熟地完成了既复杂又困难的任务,也承受意想不到的损失。但是这种损失震惊了美国,而造成这种损失的战斗同我们和联合国更

① 联合国:《联合国安理会第 954 号决议,索马里局势》,1994 年 11 月 4 日,网址:http://www.un.org/zh/sc/documents/resolutions/94/s954.htm,最后访问:2016 年 9 月 12 日。

② 赵晓明:《摩加迪沙之战及其对美国对外干预政策的影响》,硕士学位论文,渤海大学,2013 年,第 57~58 页。

大规模的人道主义行动相矛盾。

最令我感到痛苦的是，当我同意动用美国军队去逮捕艾迪德时，我并没有预见到会在大白天袭击一个拥挤而充满敌意的地区。我以为我们会在艾迪德转移途中，远离大群平民，以及他们为他的武装支持者们提供掩护时去抓捕他。我想我批准的是一次由能力、装备和训练都比联合国军队强得多的美军进行的警察行动。很明显，当柯林·鲍威尔请求我批准这次行动时，他也是这么想的。我离开白宫，他成为国务卿后，我同他讨论过这件事。鲍威尔说，他本不会赞成这样的行动，除非是在夜间进行。但是我们当时并没有进行讨论，显然也没有别的任何人对加里森（盖瑞森）将军的选择做出任何限制。柯林·鲍威尔在袭击开始前三天就退休了，而约翰·沙利卡什维利还没有被确定为他的接替者。这次行动没有得到中央司令部霍尔将军或是国防部的批准。因此我授权进行的不是一次攻击性的警察行动，而是一次在充满敌意的土地上进行的军事袭击。

……

在“黑鹰坠落”后，无论何时我批准军队调度，我都已对所冒风险有了更深的了解，并更清楚地知道什么行动应得到华盛顿的批准。军事策划者们在部署我们在波斯尼亚、科索沃、阿富汗和其他后冷战世界里不安定地区的行动时，索马里的教训并没有被忘记。美国常被请求插手这些国家和地区的事务，以阻止骇人听闻的暴力行为，而且人们常常期望美国不伤害一个我们自己的人、敌人或无辜的旁观者就能完成使命。处理像索马里、海地和波斯尼亚这类复杂问题所带来的挑战，促使托尼·莱克说出了一句最精辟的话：“有时我真的很怀念冷战。”

（2）威廉姆·F.盖瑞森（Willian F. Garrison，1966—）——“摩加迪沙之战”指挥者

情报非常准确，部队经验丰富，敌人的力量我们很清楚，战术得

当，事先做好了应对突发事件的准备，出动坦克部队进行反击会有所帮助，但不会减低美军的伤亡人数，因为特种部队不会抛弃他们倒下的战友，其中还有一个战友被卡在他的直升机残骸里……行动很成功。被定为行动目标的人被抓获并被带离目标区域……应当从需要承担责任的人中剔除克林顿总统和阿斯平部长。①

2. 局外人

(1)丁隆——对外经济贸易大学外语学院教授

联合国安理会就索马里问题通过多项决议，曾向索马里派出维和部队，且提供人道主义援助，但没有达到预期效果。埃及《金字塔报》政治和战略研究中心的索马里问题专家艾哈迈德·伊卜拉欣·马哈茂德认为，尽管国际干预行动具备宽泛的授权、充足的资源，但还是遭到多重失败。不论在人道主义救援，还是在恢复安全和实现民族和解等方面，国际干预行动均未达到目的。国际干预行动失败的主要原因在于联合国对索马里危机反应迟钝，导致危机管理效率低下。罗伯特·罗特博格指出，当联合国和美国对索马里实施干预时，已经晚了，所以代价比较大。此外，由于联合国对危机的管理行为经常被大国操纵，其维和行动被索马里民众视为大国意志的体现，从而其合法性遭到质疑。区域组织在索马里危机管理上的局限性也减弱了危机管理的效果。索马里和平进程主要由伊加特主导，但在伊加特主持下成立的两届过渡政府均无法控制索马里全境，甚至不能进入摩加迪沙。由于伊加特的某些成员国不能在索马里问题上保持中立，导致其主持和平进程的合法性和公正性遭到索马里人民的质疑，难以得到索马里民众的信任。此外，联合国、非洲联盟、伊加特和阿拉伯国家联盟等国际和区域组织的作用局限在

① [美] 比尔·克林顿：《我的生活·克林顿回忆录》，李公昭等译，译林出版社，2004 年，第 608 页。

劝和促谈，缺乏后续监督，因而无法保障和平协议的落实。[①]

（2）刘金质——北京大学国际关系学院教授

1992年布什宣布出兵索马里，许多美国人为之振奋。克林顿扬言要对伊拉克动武时，他的支持率节节上升。在这些美国人看来，对外进行干预就是传播美国的民主和自由，是美国的义务和骄傲。因此，政府的举动应该支持，尽管他们并不知道，也不想知道干涉的对象是谁，到底是为了什么。美国的总统们都不会轻易放过这样的机会，借以提高自己在选民中的威信和地位。所有这些都为美国进行干预提供了必然性和极大的可能性。

……

联合国索马里维和行动未能坚持维和原则，使自己陷入了索马里的武装冲突和内部纷争。索马里行动以失败告终，它并没有因替美国扮演世界领袖的角色而增辉。

美国舆论认为，这是一次“彻底的失败，给美国人丢了脸”。美国官方也只得承认这是一次“并未完成预定目标”的“惨痛的经历，有许多教训可以吸取”的军事干预行动。美国政府没有明确说出预定目标到底是什么。可以认为，美国出兵索马里的真实目的是体现世界领袖的风范，重返非洲之角，建立亲美政权。[②]

（3）多米尼克·D. 约翰逊（Dominic D. Johnson）——牛津大学国际关系教授；多米尼克·提尔尼（Dominic Tierney）——史瓦兹摩尔学院政治学副教授

1993年，美国和联合国军队试图平定索马里的政治乱局，不出意料，它们遭遇了更多的阻碍和危险。这一阶段的美国干预在1993年10

① 丁隆：《索马里冲突的根源与解决途径探析》，《西亚非洲》2007年第3期。

② 刘金质：《试论冷战后美国的干涉主义》，《国际政治研究》1998年第3期。

月发生的“黑鹰坠落”事件达到高潮。为了解救因两架黑鹰直升机坠落而被困的幸存者,美国士兵奋力冲向坠机地点。在摩加迪沙迷宫般的街道内,美军与当地武装发生了漫长的缠斗。在危急的情形下,美军的表现令人印象深刻,以1:50的敌我伤亡率完成了艰难的撤退。事实上,这次行动成功抓捕了行动目标——艾迪德将军的两名重要助手。同时,美国在索马里的干预是一次高尚的人道主义行动,并且展现了阿拉莫式的以少敌多的英雄气概。但是索马里并没有成为另一个阿拉莫,相反,这次行动被视为一次彻底的失败。在“黑鹰坠落”后的一起民调显示,66%的民众认为,美国试图向索马里提供人道主义救援的行动是失败的。①

思考题

1.美国为什么会在摩加迪沙之战中遭遇挫折?

2.“黑鹰坠落”事件对于美国的对外政策产生了怎样的影响?

3.如何看待媒体在“黑鹰坠落”事件发酵中所起到的作用?

延伸影片

《索马里真相》(纪录片/中国/2012 年)

延伸阅读

1.刘恩照:《联合国维持和平行动》,法律出版社,1999 年。

2.Mayall, James. *The New Interventionism, 1991–1994: United Nations Experience in Cambodia, Former Yugoslavia and Somalia.* Cambridge University Press, 1996.

① Dominic D. P. Johnson, Dominic Tierney, *Failing to Win: Perceptions of Victory and Defeat in International Politics*, Harvard University Press, 2009, p.3.

》| 卢旺达饭店

时代背景 1994 年

地域背景 卢旺达

电影制作 英国 / 南非 / 意大利 / 美国 / 2004 年 / 121 分钟

电影导演 特瑞 · 乔治

电影编剧 凯尔 · 皮尔森 / 特瑞 · 乔治

电影主演 唐 · 钱德尔 / 苏菲 · 奥康内多

019《卢旺达饭店》——卢旺达大屠杀

【《卢旺达饭店》——影片简介】

二战时期,德国对犹太人的种族清洗成为人类文明长河中一个抹不去的污点。然而在世界大战结束之后,种族屠杀并没有结束,在柬埔寨、在波黑,还有在卢旺达,屡屡发生的种族屠杀事件震惊世界。好在血泊之中人性之光并未全部泯灭,《卢旺达饭店》就记述了一个饭店经理拯救被残害者的故事。

1994 年,卢旺达国内的胡图族与图西族矛盾空前激化,胡图族对图西族开始了大屠杀,然而国际社会出于各方利益需求迟迟没有出手,世界媒体的报道甚至也遭遇了隔绝。此时,卢旺达饭店的经理保罗·卢斯赛伯吉纳站了出来,用自己仅有的资源,在这场残忍的种族灭绝中,拯救与庇护了上千条生命。饭店经理的无私无畏值得敬佩,但是当我们以更宏观的视角来看这个故事时,这丝微光之后的茫茫黑暗则更令人恐惧——民族矛盾一定要用血来解决吗?屠杀发生的时候,邻国在做什么,那些所谓的西方大国又在做什么?

联合国、世界银行等国际组织在卢旺达惨剧发生之后给予了卢旺达大量的援助。如今,卢旺达在非洲大陆的相对繁华仿佛已经遮掩住当年种族屠杀所带来的狼藉和耻辱。然而我们对于民族、战争、人道主义干预的思考永远不能停止。

【卢旺达大屠杀——事件概览】

1.事件背景

卢旺达种族大屠杀，是胡图族对图西族及胡图族温和派有组织的种族灭绝大屠杀。要了解这次屠杀的起源，我们需要了解胡图族和图西族在卢旺达历史上的渊源。

卢旺达

卢旺达是非洲中东部的一个内陆国家，位于非洲中东部赤道南侧，东邻坦桑尼亚，南连布隆迪，西北与刚果（金）交界，北与乌干达接壤，国土面积26338平方千米。卢旺达境内多山，有“千丘之国”的称号。作为非洲人口密度最高的国家之一，卢旺达的居民主要来自胡图族、图西族和特佤族。其中胡图族人数最为众多，占总人口的3/4以上。在殖民时代前，图西族是卢旺达地区的统治阶级，国王和大部分酋长都属该族，而胡图族人则以农耕为主。而在后殖民时代，胡图族和图西族的矛盾并未缓解。为了能够逐渐消除胡图族、图西族和特佤族之间的差异，如今的卢旺达政府已经将身份证件上不同种族的分类去除了。

在卢旺达王国建国以前，胡图族与图西族的祖先就一直共同生活在这片土地上。然而在建国后，随着社会的不断发展，财富资源逐渐流向了图西族，一些富裕的胡图人也被吸收到统治集团，其胡图族身份则被遗忘，成为图西人。[①]为了方便在卢旺达的统治，比利时的殖民者利用图西人在社会中的优势地位，授予其酋长的职位，从而进一步加剧了两族之间的矛盾。1959年，社会革命之后，比利时殖民

① 李安山：《论民族、国家与国际政治的互动——对卢旺达大屠杀的反思》，《世界经济与政治》2005年第12期。

者为了利用民族矛盾来维持自己在后殖民时期的影响力，开始主动扶持胡图人反对图西人统治的斗争。1960年，卢旺达取得自治，1962年正式独立，胡图人成为新国家的主导力量。随着胡图族精英登上统治舞台，民族问题成为政治的一部分，越来越多的图西族人被迫流亡海外，胡图族和图西族之间的民族、阶级矛盾最终激化到了无可调和的地步。

2.事件过程

20世纪80年代，数十万侨居在乌干达的图西族难民强烈要求回国，但屡遭拒绝。1990年，弗雷德·鲁维吉耶马领导组成了卢旺达爱国阵线(RPF)，并于10月1日率领两千余名武装分子进入卢旺达境内，在难民的响应下，与卢旺达政府军发生了激烈冲突，为期三年的内战拉开了序幕。

内战爆发后，联合国和其他大国也积极介入调停。其中，法国站在卢旺达政府军这边，而比利时、英国、乌干达则对爱国阵线持支持态度。除了比利时和法国以出兵的方式进行干预以外，英美主要利用资金来控制交战双方。为了鼓励和平解决争端，西方国家会通过提供资金的方式促进裁军。当来自乌干达的军队入侵卢旺达时，乌干达在册的军队数量减少了——因为进入卢旺达的部队不再被计算在内。因此，乌干达获得了更多的资金。而对于卢旺达而言，为了抵抗侵略者，卢旺达政府不得不增加了军队数量，结果就是他们所获得的来自西方的资金减少了。每一次卢旺达政府在谈判中有所犹豫，纽约和华盛顿的银行家们就会以不提供资金作为要挟，从而给卢旺达政府施压。而每一次卢旺达爱国阵线都会在卢旺达政府的妥协中获得更多的国际承认。[①]1993年8月，卢旺达政府和爱国阵线在坦桑尼亚北部城市阿鲁沙签署了和平协定，但这个协定却未得到卢旺达政府高层

① Philpot, Robin, *Rwanda and the New Scramble for Africa*, Baraka Books, 2013, p.50.

极端势力的接受，将其视作总统朱韦纳尔·哈比亚利马纳过度妥协的产物。

旷日持久的战争加剧了图西族和胡图族之间的矛盾。1994 年 4 月 6 日，朱韦纳尔·哈比亚利马纳和布隆迪总统西普里安·恩塔里亚米拉参加了旨在解决部族冲突的首脑会晤后，乘专机返回。在卢旺达首都基加利附近，飞机被火箭击落，两位总统同时罹难。虽然至今凶手都不得而知，但该事件成为矛盾引爆的导火线。胡图族在此后的 3 个月里开始了疯狂的种族杀戮，包括图西族女总理与 10 名负责护送的比利时士兵在内有约八十万至一百万人被害，另外还有数十万的妇女和女童遭到强奸。冲突导致卢旺达国内 1/8 的人口丧生，二百多万人逃到邻国。

此后，国际社会终于有所行动，开始增派军队制止杀戮行为。而卢旺达爱国阵线在屠杀的刺激中士气高涨，在邻国乌干达的军事支持下，卢旺达爱国阵线很快击败了指挥不力的卢旺达政府军。7 月，反攻武装力量占领了卢旺达首都基加利。17 日，爱国阵线宣布新的民族团结政府成立，标志着内战的结束。但二百万胡图族人，尤其是那些参与屠杀的极端分子，由于害怕遭到报复，逃到了邻国。在难民营有限的条件下，数千人死于饥饿和疾病。

大屠杀后位于扎伊尔的卢旺达难民营

图片来源：www.cdc.gov

3.国际社会的反应

尽管卢旺达的大屠杀震惊了世界,但是国际社会并未就此采取切实的行动。法国为了施加其在非洲地区的影响,维护自身的特殊利益,一直支持哈比亚利马纳政权,并敦促其与爱国阵线谈判。然而在大屠杀发生后,法国并未能及时采取有效行动。这一方面是由于其他西方国家的冷淡态度,另一方面则是爱国阵线的强烈反对和卢旺达其他邻国的难以配合。直到 1994 年 6 月底,在联合国的授权下,法国才开始实施"绿松石行动",派出一支 2500 人的干预部队,将卢旺达西部的吉孔戈罗周围,约占卢旺达 1/5 面积的地区划为人道主义和平区,接纳了一百多万难民,禁止任何武装力量进入。然而好景不长,西方盟国和非统组织都开始质疑法国此举的"政治色彩",在爱国阵线获胜形势明朗之后,法国默默地撤走了军队,原本获得庇荫的难民再次跌入种族冲突的火海,大量胡图族人被迫远走他乡。[①]

美国在卢旺达局势的变化中也扮演了"重要的消极角色"。当大屠杀的消息传到华盛顿时,美国政府试图置身事外。美国迅速关闭了位于基加利的领事馆,甚至操纵国内媒体控制相关报道,并建议联合国在卢旺达只保留"最小限度"的存在。[②]在美国的再三阻挠下,直到 5 月 17 日,联合国安理会才最终授权 5500 名维和人员进驻卢旺达,为平民提供安全保护。在此期间,美国还趁火打劫,向联合国提出了一系列苛刻的条件,作为支持安理会出兵的前提。另外,正如前文所述,以美国为首的西方国家对爱国主义阵线的支持使得卢旺达的内战不断延长,并恶化了图西族和胡图族的关系。虽然美国并不是大屠杀的始作俑者,但是美国在调停战争、保护难民方面所扮演的消极角色无疑令人失望。

---

① 羲豹:《一次劳而无功的军事行动——法国"绿松石行动"纪实》,《世界知识》1994 年第 16 期。

② 李安山:《论民族、国家与国际政治的互动——对卢旺达大屠杀的反思》,《世界经济与政治》2005 年第 12 期。

美国政府不作为的原因

美国的不作为引发了全球舆论的口诛笔伐，然而美国的行为实际上有着其自身国家利益的考量。具体来说，包括以下三个方面的原因：

第一，地缘战略价值的考量。卢旺达土地贫瘠、资源匮乏、人口众多、地理位置偏僻，从美国介入波黑内战而无心插手卢旺达的惨剧来看，这个非洲小国对美国来说可有可无。

第二，前车之鉴的教训。美国在索马里战争中遭遇挫折，克林顿政府在是否出兵卢旺达的决定上顾虑甚多。

第三，美国“新孤立主义”思潮的抬头。虽然冷战结束，苏联势力退出非洲，美国在非洲的相对实力得到加强，但自1990年7月开始，美国经济严重衰退，引发了战后空前的社会经济危机，这使得美国无力再抽调力量去加强其在非洲的存在感和影响力。在这一背景下，减少海外义务，以美国切身利益为目标，集中力量解决国内问题等“新孤立主义”思想在美国国内获得了很大的市场。这种思潮帮助克林顿赢得了总统竞选。在国内经济不景气、选民的注意力主要集中于政府的经济社会发展政策上时，克林顿不得不适当收缩其对外干涉的触角。

颜旭：《卢旺达大屠杀中美国政府的不作为政策及其原因》，载《大庆师范学院学报》2007年第8期。

4.事件影响

大屠杀的历史已经离人们慢慢远去，但它不能被人忘记。卢旺达政府接受了国际社会各方的援助，建立起各种具有教育和警示意义的纪念场所，并坚定执行部族和解政策。同时，卢旺达政府创造性地引入了“盖卡卡法庭”的传统式社区审判体系，通过恳谈会等形式，引导民众逐渐放下昔日的仇恨，彼此尊重差异、理解个性、包容彼此，甚至出现了曾经发生仇杀的两个家庭结成一家人的案例。①

为了从根本上解决民族矛盾问题，卢旺达政府把恢复经济发展作为中心工作，对内改革财政和货币制度，推行私有化，缩小贫富差距，对外则争取援助、吸引外资和减免债务。这些举措从一定程度上来说平衡了庞大人口与有限资源之间的矛盾。在国际社会和卢旺达政府及人民的努力下，卢旺达的国民生产总值自1995年以来不断上升，并在2000年后逐渐稳定，保持了约7.6%的增速。②2008年，首都基加利被联合国人居署授予联合国人居奖，成为非洲历史上第一个获此殊荣的城市。“卢旺达模式”的成功经验告诉我们，和平是最大的财富。

卢旺达问题国际刑事法庭

卢旺达问题国际刑事法庭，简称卢旺达刑庭，是一个于1994年11月由联合国安全理事会根据第955号决议所成立的国际法庭。该法庭的设立是为了审理1994年1月1日至1994年12月31日期间于卢旺达及其邻国从事种族灭绝和其他严重违反国际人道主义行为之人。1995年，依据第977号决议，卢旺达问题国际刑事法庭设置在坦桑尼亚的阿鲁沙。联合国安理会要求该法庭最晚必须于2004年完成所有的调查，在2008年完成所有的审判活动，以及于2012年完成所有该法庭必须要完成的工作。卢旺达刑庭审理的范围为种族灭绝、危害人类罪以及战争罪。到目前为止，卢旺达刑庭已经完成了其中50人的审理程序，并且将其中被控诉的29人予以定罪。另外还有11人的审理程序正在进行当中，14人已被拘留并等候审理。

① 贺文萍：《卢旺达：摆脱了悲剧的昨天》，《世界知识》2014年第10期。

② 数据来源：世界银行数据库，网址：data.worldbank.org，最后访问：2017年2月1日。

【卢旺达大屠杀——事件评价】

1.局内人

(1)马克·马洛赫·布朗(Mark Malloch Brown,1953—)——时任联合国常务副秘书长

面对这样一个曾被遗弃的国家,我们所有人都怀有一种特殊的责任感,特别想去补偿它。卢旺达在需要联合国安理会干预之际,后者却完全缺乏行动的勇气。国际社会也对卢旺达视而不见。

当我从联合国发展部门调动至政治部门担任安南副手时,卢旺达的阴影仍伴随着我。如果说卢旺达的经历给我带来了什么永恒教训的话,那便是联合国官员在梦游中走向灾难。联合国驻卢旺达的同事曾发出过警告,但徒劳无功。墨守联合国刻板流程的官员们对他们的警告置若罔闻。当我成为联合国总部主管在困难地区行动的负责人时,我让同事们戴上写有“Never Again”(绝不要重蹈覆辙)字样的绿腕带。不论是达尔富尔还是别处,我们都努力确保卢旺达的覆辙不会被重蹈。但5年前斯里兰卡和今天中非共和国发生的事件表明,种族屠杀尚未成为历史。卢旺达大屠杀或许曾经刺痛过我们的良心,但之后对其原因和结果的争论——以及对随之而来的干预原则的争论——稀释了我们的愤怒。我们以及卢旺达人有必要要求各国领导人:绝不要重蹈覆辙。我现在仍然戴着我的腕带。[①]

---

① Mark Malloch-Brown:We betrayed Rwanda in its hour of desperation-never again,*Financial Times*,2014.4.3.See:http://www.ft.com/cms/s/0/0313b22c-bb51-11e3-8d4a-00144feabdc0.html#axzz44zUp1hsd.

(2)比尔·克林顿

我们太关注波斯尼亚了，仍然记着六个月前索马里发生的事情，在与我国利益无关紧要的遥远的地方部署军队也会遭到国会的反对，因此我和我的外交政策小组都没有认真考虑派兵去阻止屠杀。如果我们早点展开行动的话，我相信我们至少可以挽救三分之一的生命……这件事对于我是一个长时期挥之不去的阴影。[①]

2. 局外人

(1)贾雷德·戴蒙德——美国艺术与科学院、国家科学院院士

卢旺达和布隆迪的种族屠杀事件，通常被形容为自私的政客为了自身利益不择手段煽动早已存在的种族仇恨。就像人权观察组织出版的那本《故事无人讲述：卢旺达的种族屠杀》里所总结的："种族屠杀并非是远古的种族仇恨引发不可控制的暴民动乱……而是现代特权阶级深思熟虑后的选择。他们通过煽动仇恨和恐惧来巩固其地位与权力。为了阻止卢旺达内部日益壮大的政治反对势力，这一小簇特权阶级首先让大多数人来反对少数人。然而当他们面临卢旺达爱国阵线在战场和谈判桌上节节胜利时，这一小簇当权者将原先分而治之的策略转变为种族屠杀。他们相信种族灭绝行动可使胡图族人在他们的领导下团结一致，赢得战争的胜利。"有确凿证据证明，这种观点在很大程度上导致了卢旺达悲剧。[②]

① [美] 比尔·克林顿：《我的生活——克林顿回忆录》，李公昭等译，译林出版社，2004年，第667~668页。

② [美] 贾雷德·戴蒙德：《崩溃：社会如何选择成败兴亡》，江滢等译，上海译文出版社，2008年，第256~257页。

（2）李安山——北京大学国际关系学院教授

全球化促进了民族问题的国际化，大屠杀使卢旺达的民族问题从地区政治、大国因素和联合国三个层面与国际政治产生了重要的互动。

在卢旺达历史上，从未有过持续一贯的关于胡图人和图西人的定义。这种定义随着卢旺达主权的变更，以及权力的转移而变化。独立后，胡图人、图西人的矛盾被新政权继承下来。统治者与被统治者的民族身份互换及政治地位的变化引起社会经济地位的变化。民族身份被当权者作为达到政治目的的工具，大屠杀是这种政治运作的极端表现。作为大湖地区的一个地缘政治特点，民族问题也影响到周边国家，而国际政治诸因素的参与及国际社会对卢旺达局势的负面干预与正面解决，直接影响到大屠杀的产生、演变及其结果。

思考题

1.卢旺达的悲剧是怎样酿成的？

2.如何看待联合国及国际社会在卢旺达惨剧前后的“不作为”和“作为”？

3.民族问题对于国家发展具有怎样的影响？

延伸影片

1.《四月某时》（美国/法国/2006年）

2.《没有震惊世界的100天》（阿根廷/2009年）

延伸阅读

1.中国驻卢旺达大使馆编著：《耳闻目睹卢旺达》，党建出版社，2013年。

2.Mamdani, Mahmood, *When Victims become Killers*: *Colonialism, Nativism, and the Genocide in Rwanda*. Princeton University Press, 2014.

猎杀本·拉登

时代背景 2012 年

地域背景 美国 / 巴基斯坦

电影制作 美国 / 2012 年 / 157 分钟

电影导演 凯瑟琳 · 毕格罗

电影编剧 马克 · 鲍尔

电影主演 杰西卡 · 查斯坦 / 杰森 · 克拉克 / 凯尔 · 钱德勒 / 詹妮弗 · 艾莉

020《猎杀本·拉登》——本·拉登之死

【《猎杀本·拉登》——影片简介】

恐怖主义已经成为非传统安全问题给人类社会带来的最为严峻的挑战之一。而说到恐怖主义，大多数读者的第一反应一定是本·拉登——这个策划了2001年“9·11”事件的戴头巾、大胡子的男人。本·拉登在恐怖组织中地位崇高，抓捕本·拉登对于反恐斗争的意义也不言而喻。

以该剧而获得第70届金球奖电影类最佳编剧的马克·鲍尔声称，自己从2001年便开始通过新闻公开披露的信息编写剧本。当2011年剧本完成开始拍摄时，万万没想到的是，本·拉登于当年毙命在美军陆战队的枪下。可见，除了结尾部分的修改外，电影的着力点其实是2001年后整个十年的美国反恐过程。因此，影片以小见大，以一个中情局女探员的故事为切入点，反映出了电影人对十年反恐历程的反思。大量精英人员伤亡、巨大金钱投入、不符合现代文明的暴力审问，凡此种种，带来的却是更加激化的宗教激进主义和美国与阿拉伯世界“盟友”们裂痕的加深。或许拉登之死的确如影片编剧过程中那样，是可以随意删改添加的情节，因为它真的代表不了什么。

从片外发行角度看，索尼影业特意将该片的上映时间由美国档口推后，因为该片饱受美国在野党的批评，认为是在为奥巴马竞选连任铺路。这不禁让人感到一丝荒谬。正如鲍尔自己所说：“本·拉登之死是美国的一个胜利，这个胜利是史诗性和无党派的。否则我们就没有基础来拍摄这样一部能展示如此巨大胜利的影片了。”可能该片的上映的确影响了选举结果,但是猎杀成功难道与奥巴马第一任期内对反恐政策的灵活调整无关?更加让人心寒的是,在传媒与民主选举深深结合的美国,似乎付出无数代价取得的、建立在全体美国人希冀上的猎杀胜利,仅被参选党派狭隘地看作运作选票的筹码,或许这些才是真正应该让美国精英们担心与反思的。

【本·拉登之死——事件概览】

1.事件背景

人们对于本·拉登这个名字的熟知始于2001年发生的"9·11"惨剧。然而作为全球最大恐怖组织之一——"基地组织"的头目,本·拉登早已是多国政府的眼中钉。

在"9·11"事件之前,美国就有多次机会可以抓到本·拉登并将其绳之以法。在1993年,两名美国中情局的雇员在中情局总部入口处被一个叫卡西的巴基斯坦人枪杀,随后这个巴基斯坦人潜逃出境,但最终还是在阿富汗被捕。而调查的结果更是令美国人大吃一惊,原来,这次事件真正的策划者竟然是本·拉登。此时美国人才知道,本·拉登已经建立起自己的队伍,并且加以训练,用来从事对美国开展恐怖袭击活动。从此,中情局立即成立代号为"亚力克情报站"的专案组,对本·拉登展开全球追捕。

本·拉登

本·拉登是臭名昭著的"基地组织"头目。其家族原是沙特阿拉伯建筑业巨头,然而继承了家族资产的本·拉登将财富投入到了恐怖主义中去。1988年,本·拉登成立了"基地组织",并开始与其他恐怖主义组织展开合作,在中东之外招收成员。其所策划和参与的恐怖袭击事件包括:1992年,针对驻索马里美军的也门旅馆爆炸案;

1993年，谋杀约旦王储阿卜杜勒未遂；1995年，刺杀罗马天主教教皇若望·保禄二世未遂；1995年，利雅得美军军营爆炸案；1996年，宰赫兰美空军住所爆炸案；1998年，东非美国大使馆爆炸案等。2001年9月11日，本·拉登策划发动了对美国本土的恐怖活动，恐怖分子劫持了4架美国民航客机，并驾驶其中两架撞向纽约世界贸易中心双塔，另有一架撞向了五角大楼。此后，本·拉登为世人所知，成为恐怖主义的代名词。

1998年8月20日，美国驻肯尼亚和坦桑尼亚使馆遭到袭击，在这之后，有情报显示：本·拉登和其他几个"基地组织"的头目正在阿富汗的一个基地组织训练营开会。时任美国总统克林顿获知此事后立即命令进行斩首行动，决定向这个位于阿富汗的训练营发射巡航导弹将其摧毁。然而本·拉登出人意料地逃出，而这个斩首行动也宣告失败。

1999年2月初，美国得到的情报声称，本·拉登将要前往阿富汗赫尔曼得省的狩猎营地，并且会在这个地方待上至少一周的时间。随后，美国的情报人员也发现了本·拉登的踪迹，并且锁定了他居住的帐篷，并且着手再次对本·拉登发射导弹袭击。然而由于与美国关系良好的阿拉伯国家王子也在狩猎队伍中，美国中情局在行动前一刻得到命令——停止发射导弹，并中止一切计划。

2."9·11"事件与阿富汗战争

屡失良机的美国最终为此付出了代价。2001年9月11日，震惊全球的恐怖袭击事件在美国发生了。对于美国来说，"9·11"事件是二战后其本土受到的首次来自域外的攻击，整个美利坚民族都感到了前所未有的愤怒、恐惧。在这种情况下，本·拉登成了全美公敌，美国政府誓要将其绳之以法。

为了抓捕本·拉登，美国一方面动用了大量的高科技武器和侦查设备,另一方面则通过传统的间谍渗透方式打入“基地组织”内部。此外,2001 年 11 月 14 日,美国政府就捉拿本·拉登发出了全球通缉令,悬赏奖金高达 2500 万美元。[①]

哈米德·卡尔扎伊

哈米德·卡尔扎伊是阿富汗伊斯兰共和国第一任总统，出生于坎大哈省坎大哈市。卡尔扎伊早年曾先后在喀布尔哈比比亚高等学校和印度西姆拉的喜马偕尔邦立大学学习，后在美国留学。2001年,美国打败阿富汗塔利班政权后,卡尔扎伊曾先后担任阿富汗伊斯兰国暂定行政机构议长、临时政府领袖。2004 年 10 月 9 日,卡尔扎伊当选为阿富汗伊斯兰共和国首任总统,2009 年他在阿富汗总统选举中成功连任。

同时，由于本·拉登受到了阿富汗塔利班政权领导人奥马尔的庇护,布什总统决定对阿富汗开战,摧毁塔利班政权,消灭本·拉登和奥马尔。美国高举反恐的大旗,获得了国际社会的同情和支持。阿富汗反塔利班的北方联盟给予了积极的配合,巴基斯坦、俄罗斯及中亚国家也提供了方便。因此,阿富汗战争在前期进行得很顺利。2001 年 10 月 7 日,美军进行了第一次大轰炸。11 月 13 日,北方联盟军攻入阿富汗首都喀布尔,至此基本上打垮了塔利班政权。2001 年 12 月 5 日,卡尔扎伊被推举为阿富汗临时政府主席,12 月 22 日正式就任。这标志着塔利班在阿富汗的统治宣告结束,美国对阿富汗的占领正式开始。

穆罕默德·奥马尔

毛拉·穆罕默德·奥马尔,简称为毛拉·奥马尔,是阿富汗塔利班的领导人,曾是阿富汗实际上的国家元首。1996—2001 年,阿富汗伊斯兰酋长国存在期间,他享有着“穆民的长官”的称号。由于他坚持

① CNN, Rumsfeld: Leaflets offer $25 million for bin Laden, 2001.11.20.See: http://edition.cnn.com/2001/US/11/20/ret.us.binladen/.

对自己所崇拜的本·拉登及其“基地组织”的庇护，而被美国政府通缉，罪名是在巴基斯坦境内指挥塔利班对抗哈米德·卡尔扎伊政府及来自北约的军队。2011年5月中旬，阿富汗情报官员证实毛拉·穆罕默德·奥马尔已在巴基斯坦被击毙。2011年5月23日，塔利班发言人否认毛拉·穆罕默德·奥马尔被击毙。

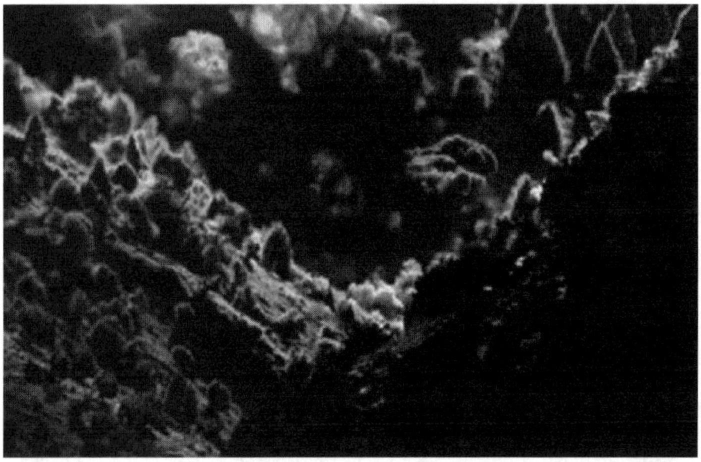

美军对多拉波拉的空袭行动

图片来源：Members of Team Juliet Forward

美国针对塔利班发动的阿富汗战争，主要是以巡航导弹和飞机轰炸的方式进行的，它既没消灭塔利班的有生力量，更没有迫使塔利班领导核心缴械投降。喀布尔丢失后，奥马尔和本·拉登一起逃至托拉-博拉基地。尽管美军随即对该基地进行了密集的轰炸，但是他们毫发无损。以此为转折点，本·拉登主动转入地下，从而将美军拖入了一场持久战。

2001年，阿富汗战争结束后，美国并没有放弃对本·拉登的追捕。2004年10月，美国阿富汗中情局战地情报官与海陆空三军特种部队联合成立专门追捕本·拉登的特种单位——联合特种作战司令部，并在翌年获得了布什“总统行政令”的授权保障。

北方联盟

拯救阿富汗全国统一伊斯兰阵线，更多地被称为北方联盟，是一个由阿富汗伊斯兰国建立的军事政治联盟组织。它将很多互相敌对的阿富汗的军事派别联合了起来，共同抵抗塔利班。2001年，在美国、英国、加拿大等北约国家的支持下，北方联盟成功地从塔利班手中夺回了大部分阿富汗领土。同时也有许多关于北方联盟违背人权的批评，例如Dasht-i-Leili屠杀等。人权观察组织公布的文件显示，军阀们的内部斗争和秘密处决，广泛的强奸行为，肆意的拘禁和灭绝让平民人权状况非常恶劣。

然而美军投入巨大的抓捕行动依然屡屡与最终目标擦肩而过。2001年11月，美国情报显示本·拉登就隐藏在阿富汗的托拉博拉山区。随后美国派出的特种部队在山区通过无线电检测设备截获了本·拉登与下属的联络信号，从而获悉了本·拉登的精确位置。然而就在这关键的时刻，特种部队却与共同行动的北方联盟士兵发生冲突，以至于错过了最佳的进攻时机，本·拉登逃出生天。2007年，当本·拉登重回阿富汗山区参加会议的时候，美军计划要进行一场大规模的斩首行动，但是又因为在集结部队上花费了太多的时间，使得本·拉登再一次逃之夭夭。

3.终结之战——斩首行动

2008年，奥巴马就任美国总统以后进一步增加了抓捕本·拉登方面的投入。功夫不负有心人，通过对关塔那摩囚犯的刑讯逼供以及对其电话等通信设备的监听，美国方面确认了本·拉登“信使”的身份，并通过买通当地的民众作为线人进行跟踪搜寻，最终锁定了本·拉登的处所。2011年5月1日，奥巴马在白宫召开行动会议，并与美国情报与国家安全官员共同确定了抓捕本·拉登的最终方案。在巴基斯坦方面完全不知情的情况下，美军在巴基斯坦首都伊斯兰堡以北60千米处的阿伯塔巴德展开了抓捕行动。美国“海豹突击队”派遣了4架最先进的隐形“黑鹰”直升机对本·拉登住地进行突袭,并同本·拉登身边的卫士发生了枪战。战斗中,本·拉登因眼部中弹身亡,其尸体被突击队员带回。整个战斗过程持续不到40分钟,美军没有官兵伤亡,唯有一架“黑鹰”直升机因其发生故障自行坠毁。随后,美军依照伊斯兰教的传统,将本·拉登的尸体进行清洗并用白布包裹后装入袋子里,经过短暂的宗教仪式后,本·拉登的尸体被抛入了大海。

本·拉登的躲藏处

图片来源:Sajjad Ali Qureshi

白宫情报室(The Situation Room)

图片来源:Pete Souza - White House Flickr Feed

4.后续反应

本·拉登被击毙是奥巴马任期内在反恐领域取得的最大胜利,也是国际反恐斗争的一个重大成果。可以说,本·拉登之死重创了以“基地组织”为核心的国际恐怖势力。但尽管如此,本·拉登之死并不代表“基地”的土崩瓦解,也不代表国际反恐斗争的结束。①一方面,“基地组织”有了新首领。2011年6月16日,“基地”发表声明称,已任命原“基地”二号人物、埃及人艾曼·扎瓦希里为新的领导人。②在扎瓦希里成为“基地组织”新头目的首次公开讲话中,他除了发誓继续对抗西方的“圣战”外,还警告美国会为杀死本·拉登而“感到后悔”。③另一方面,恐怖主义在全球的蔓延势头不减。以宗教激进主义为特点的伊斯兰国(ISIS)等组织,正在地区

美国海军海豹突击队

美国海军海豹突击队是美国海军三栖特战队的别称。该部队起源于二战时期的水下爆破队,并在1961年由美国总统正式批准成立,是世界上最为神秘、最具震慑力的特种作战部队之一。全美军只有两千多名现役海豹突击队战士。进入海豹突击队,学员要通过被认为是世界上最艰苦最严格的特别军事训练,淘汰率达到70%。因此,成为海豹突击队的战士可被视为一名美国军人的最高荣誉。在训练通过之后,部队会授予代表海豹突击队的特种作战资历章。其中特种作战资历章主要以三叉戟作为整体设计,三叉戟的三个分叉象征海豹突击队同时具有海上、陆上以及空中执行任务的能力。

---

① 邓晓艳:《拉登后国际反恐斗争形势》,《领导文萃》2011年第10期。

② 中国新闻网:《“基地”任命扎瓦希里为该组织新任领导人》,2011年6月16日,网址:http://www.chinanews.com/gj/2011/06-16/3116129.shtml,最后访问:2017年1月2日。

③ 新华网:《扎瓦希里称将追随拉丹继续对抗西方》,2011年6月9日,网址:http://news.xinhuanet.com/mil/2011-06/09/c_121510032.htm,最后访问:2017年1月2日。

和全球范围内开展恐怖活动。2015 年 11 月 13 日的巴黎恐怖袭击，就是该组织所精心策划的行动，在西方社会造成了极大影响。另外，美国对于反恐所持的双重标准也令人玩味，出于国际政治利益的考虑，其在中东的反恐行动，也因为本·拉登之死，变得有些迟缓。原先打击恐怖主义的活动，因为美国和俄罗斯的同时介入，逐渐变成了大国角力的战场，不得不说，这也是令世界爱好和平的人们感到失望和无奈的国际政治现实。

【本·拉登之死——事件评价】

1. 局内人

(1)贝拉克·奥巴马

远在过去的二十年里，本·拉登一直是基地组织的头目和象征，并且不断地策划针对我们国家、朋友和盟友的袭击。本·拉登之死是我们在打击基地组织的努力中，迄今为止取得的最为重要的成就。本·拉登的死并不意味着我们工作的结束。毫无疑问，基地组织将会继续对我们实施攻击。因此，我们必须并且继续对国内外的情况保持警惕。如我们做的那样，我们还必须重申，美国没有也绝对不会对伊斯兰发动战争。正如小布什总统在“9·11”事件之后我曾经明确表示，我们的战争并非针对伊斯兰。本·拉登并非一个穆斯林领袖，相反，他屠杀了大量的穆斯林人。事实上，基地组织(在包括美国在内的很多国家)屠杀了许多穆斯林人。所有爱好和平并相信人之尊严者，都会为他的死而欢欣鼓舞。在过去的数年里，我一再重申，如果我们确认本·拉登在巴基斯坦境内栖身，我们将采取行动。我们这次就是这么做的。这里我们必须指出，同巴基斯坦在反恐上的合作在这次行动中帮助我们找到并确认了本·拉登的藏身之所。事实上，本·拉登早已对巴基斯坦宣战并且命令采取行动袭击巴基斯坦人民。

今晚，我已经同扎尔达里总统通了电话，同时我的同事也与巴基斯坦方面的相应官员进行了交流。我们一致认为，今天对美巴两国人民来说都是一个值得纪念的日子。双方都同意未来巴基斯坦还将同美国一起展开针对基地组织及其分支机构的行动。美国人民并不想要这场战争，这一切都源于一场对美国本土无辜平民的无端残杀。十年的斗争和牺牲，使我们深切体会到这场战争的代价。

……

我们要感谢那些情报和反恐界的专业人士，正是他们孜孜不倦的工作才促成了今天的胜利。美国人民看不到他们的工作，也不知道他们的名字。但是在这个晚上，这些人能够真切地感受到付出得到回报、正义得以伸张的满足。我们还要感谢那些参与了这次行动的军人，他们是所有为国尽忠的士兵们的代表，展现出了专业、爱国和无可比拟的勇气。他们在“9·11”之后承担了最重的责任。

（摘自奥巴马在拉登死后发表电视讲话全文）[①]

（2）杰拉德·阿罗德（Gerard Araud，1953—）——法国驻美大使，时任安理会轮值主席国代表

安全理事会回顾其关于奥萨马·本·拉登的各项决议，并回顾安理会谴责基地组织网络及其他关联恐怖团体以致使众多无辜平民丧生和摧毁财产为目的，多次犯下恐怖主义罪行。

安全理事会还回顾 2001 年 9 月 11 日在纽约、哥伦比亚特区华盛顿和宾夕法尼亚发生的令人发指的恐怖袭击，以及该网络在世界各地

① 美国白宫网站：《Osama Bin Laden Dead》，2011 年 5 月 2 日，网址：https://www.whitehouse.gov/blog/2011/05/02/osama-bin-laden-dead，最后访问：2016 年 9 月 1 日。

发动的其他许多袭击。

在这方面，安全理事会于2011年5月1日欣闻奥萨马·本·拉登再也无法实施这种恐怖主义行径，并重申，不能也不应把恐怖主义与任何宗教、国籍、文明或群体联系在一起。

安全理事会赞赏反恐斗争中的这一重大发展和其他成就，并敦促所有国家在反恐斗争中保持警惕和加紧努力。

……

安全理事会强调，任何事业或怨愤都不能成为谋害无辜的人的正当理由，并强调，仅仅依靠军事力量、执法措施和情报工作是不能打败恐怖主义的；只有采取持续和全面的方法，使所有国家、有关国际组织和区域组织及民间社会都积极参与，消除有利于恐怖主义蔓延的条件，遏制、削弱、孤立和瓦解恐怖威胁，才能战胜恐怖主义。①

2. 局外人

（1）刘元玲——中国社会科学院美国研究所博士

对于基地组织这样复杂的机构来说，失去拉登这样的“精神领袖”当然是痛心疾首的事情，但是当前群龙无首的局面对于基地组织的存在和发展并非致命，尚无证据说明基地组织会因拉登的死而树倒猢狲散……恐怖主义在全球范围内远没有被清除，因为它本身不是一个目的，而是一种手段。与北爱尔兰共和军、西班牙的巴斯克民族和自由组织、土耳其的库尔德工人党，甚至与加沙地带的哈马斯组织及其之前的阿拉法特的巴解组织是不同的，“基地”组织及其追随者并没有国家和领土要求这样的目标，而是提出了一种意识形态的、价值观念的模糊的目标定位，其基础就是对国家概念理解为从理论上将全世界穆斯

① 联合国：《联合国安全理事会第六十六年第六五二六次会议会议记录》，联合国，2011年5月2日。网址：http://repository.un.org/bitstream/handle/11176/15343/S_PV.6526-ZH.pdf

林聚集在一起的伊斯兰信徒社会。他们所要的目标不是非常明晰,但是他们所反对的靶子却清晰存在——即“美国治下的世界秩序和国际格局”,而美国在当下国际社会的根本目标是通过各种方式不断维持和增进这种全球唯一超级大国地位和霸主权势。同时需要重视的是,拉登虽然被消灭了,可是滋生恐怖活动的根本原因并没有消失,世界上成千上万其他的恐怖组织正在以其各自独有的力量威胁着整个世界和人类。这不仅包括极端贫困、贫富差距大、贪污腐败;最重要的是,正如极端组织发言人所言,即全世界影响力的地缘政治权力分配的普遍不公。一种组织和思想不会因为某个领导人的逝去而消失,尤其是当这种思潮所根植的土壤还在的时候,人性中的弱点、各国国内政治经济民族宗教的矛盾和冲突,以及整个世界不公平、不公正的秩序安排等恶性土壤的存在为恐怖主义的生存和发展提供了生命动力和源泉。因此,作为应对问题的极端方式的恐怖主义还将继续如同星星之火一样隐于心,藏于世,恐怖主义仍伺机攻击世界,世界仍不安全。①

(2)达巍——国际关系学院国际战略与安全研究中心主任、教授

与传统政治或暴力组织的金字塔形垂直权力结构不同,国际恐怖主义势力的形态是一种分散化、扁平化的网络。网络上各节点(恐怖组织)间虽有联系和协调,但并不是上下级式的隶属关系。这就意味着“最著名”的恐怖分子本·拉登被击毙,只是撕烂了一张网络上的一部分。用阿富汗塔利班的话说,拉登之死只是“摘掉了一串葡萄上的一颗而已”。正是基于这一原因,反恐专家普遍认为,本·拉登之死绝不意味着恐怖主义的式微或者反恐斗争的终结。相反,人们普遍担心,本·拉登之死有可能激起恐怖主义与极端宗教势力的反弹。本·拉登被击毙

① 刘元玲:《后拉登时代美国的反恐战略及影响》,《国际关系学院学报》2011 年第 4 期。

之后的问题就在于国际恐怖主义是将产生新的“基地组织”或者新的本·拉登式的领导人，还是从“微恐怖主义”开始继续衰落？这个问题的答案将取决于两个方面：一是美国目前对国际恐怖势力及人物实行的“情报加特种作战”解决方案是否继续有效；二是奥巴马政府能否有效缓和从中东到中亚的反美主义及极端宗教势力。目前来看前一方面成效比较明显，后一方面则要艰难得多。这既取决于奥巴马政府的政策，又取决于大中东社会自身的演进。①

思考题

1.恐怖主义及其他非传统安全对世界构成了怎样的威胁？

2.本·拉登被击毙对于世界反恐具有怎样的意义？

3.美国在国际反恐中扮演了怎样的角色？中国又应该有怎样的作为？

延伸影片

1.《美国狙击手》(美国/2014 年)

2.《The Age of Terror：A Survey of Modern Terrorism》(英国/2002 年)

延伸阅读

1. [叙利亚]纳伊瓦·本·拉登等：《本·拉登传》，陈嘉宁译，金城出版社，2010 年。

2. Owen M., Maurer K. *No Easy Day: The Only First-hand Account of the Navy Seal Mission that Killed Osama bin*, Laden Penguin UK, 2012.

---

① 达巍：《本·拉登之死开启国际关系多种可能性》，《中国社会科学报》2011 年 5 月 12 日。